철학책
독서 모임

박동수

오늘의 젊은 작가

민음사

철학책
독서 모임

■ 우리는 여전히 철학책을 읽어야만 하는 것일까?
갈등과 혐오로 점철된 시대, 현란한 인공지능의 시대에
박동수는 이 질문과 정직하게 마주한다. 관조하기보다는
질문을 끌어안고 함께 뒹굴면서, 철학함의 가능성과
필요성을 끈질기게 되묻는다. 그러한 사유의 과정에서
반짝이는 것은 우리가 당면한 현재적 쟁점들에 철학적으로
개입하려는 의지다. 이 책은 그 의지가 바로 철학책을 통한
타자와의 '만남'으로 실현되는 현장을 보여 준다. 독자들
또한 그러한 만남에 동참하기를, 그럼으로써 사유의
비가역적인 소용돌이 속으로 함께 빠져들기를 자신의 경험을
근거 삼아 진솔하게 설득해 나간다. 철학책 독서 모임에
함께하자는 거부할 수 없는 제안이다.
— 박승일(『기계, 권력, 사회』 저자)

철학책을 함께 읽으면
무슨 일이 일어날까?

모든 시대에는 언제나 오늘의 철학책이 필요하다. 과거에 쓰인 철학책들은 말투도 주제도 어딘가 고루해 보인다. 사실 당연한 일이다. 그 책들은 그 시대의 관심사에 따라 철학적 개념을 창조하고 조직하고 구성한 것이기 때문이다. 우리 시대의 눈으로 보면 관심사도 철학적 개념의 구성 방식도 사뭇 다를 수밖에 없다.

하지만 어디에서부터 시작해야 할까? 오늘의 철학책은 교과서에 나오지도 않고 전문 학자들이 검증한 것도 아니다. 당연히 고전도 아니다. 너무나 다양한 철학책들 가운데에서 무슨 책을 골라 읽어야 할까? 정답은 없다. 어떤 선택도 시간의 무게를 온전히 버텨 낼 정도로 강력하지는 않다. 지금은 너무나 중요해 보이는 책이 나중에 가서는 대수롭지 않은 것으로 판명될 수도 있다. 그럼에도 우리는 선택하지 않을 수 없다. 오늘의 선택이 없다면 오늘의 철학도 있을 수 없으니까.

오늘의 철학 탐구

하나의 물음이 제기될 수 있다. 철학은 영원한 것, 보편적인 것을 추구하지 시대적인 것, 유동적인 것을 탐구하지는 않는다는 의문이다.

과거의 전통 철학이 그런 영원한 진리를 추구했다는 것은 분명한 역사적 사실이다. 그러나 철학자 미셸 푸코가 말했듯 칸트 이후에 서양 철학에는 한 번의 단절이 있었다. 전통 철학이 '진리란 무엇인가'와 같은 영원한 물음에 천착했다면, 19세기 초 이래로 철학 활동의 장에서 동시대에 관한 물음들이 하나둘 등장하기 시작했다. 역사적 형상으로서 우리의 현재는 무엇일까? 이 현재에 속하는 한에서 우리는 누구이고 또 누구여야 하는가? 왜 철학을 해야 하며 또 이 현재와 관련해 철학의 특수한 임무는 무엇인가? 이때부터 철학은 동시대를 다루는 장르가 되었다.[1] 철학의 동시대성과 관련해 헤겔은

『법철학』서문에 "자신의 시대를 사상으로 포착한 것이 철학이다."라는 유명한 말을 남겼으며, 리처드 로티는 오늘날 철학의 "탐구는 영원을 추구하는 것이 아니라 지금 여기에서 문제를 해결하는 것이다."라고 분명한 어조로 이야기한다.[2] 역사의 바로 이 순간에 있는 '오늘의 우리'가 누구인지를 자문하는 것이 철학의 주요 문제 중 하나가 된 셈이다.

나는 이 점에서 오늘의 철학책이 오늘의 세계를 이해하는 좋은 시작점이라고 말하고 싶다. 영원한 지혜나 위로의 기술을 가르치는 것이 아니라 우리 시대를 사유하게 하는 통로이자 세상의 실상과 마주해 전과는 다른 생각을 할 수 있게 하는 가능성의 공간. 우리는 오늘의 철학책을 통해서 동시대적 감각을 공유하고 현재를 깊이 들여다볼 수 있다. 그렇다면 지금 주목해야 할 철학책은 무엇일까? 그런 철학책은 대체 어떤 현재성을 담고 있을까?

---

1   미셸 푸코, 오르트망·심세광·전혜리 옮김, 『비판이란 무엇인가? 자기 수양』(동녘, 2016), 96~101쪽 참조. 정확히 말하면 모든 철학이 그렇게 된 것이 아니라 그런 장르가 추가된 것이다.

2   Richard Rorty, "An Interview with Richard Rorty," interview by Gideon Lewis-Kraus, *The Believer* Vol.1(June 2003).

우리란 무엇인가

우리는 누구도 가치를 주입할 수 없는 시대에 살고 있다. 철학자 이졸데 카림에 따르면 우리는 다원화 시대를 살고 있다. 모두가 자신의 목소리로 말하기에 어떤 것이 맞고 어떤 입장이 옳은지를 두고 끝없이 다투는 시대, 다양한 정체성들이 서로 경합하는 시대, 동질적이고 통일적인 사회를 찾을 수 없는 시대다. 생활양식의 다원화, 인구의 다원화, 정체성의 다원화를 되돌릴 길은 없다.

그렇다면 우리가 함께 풀어야 할 첫 번째 문제란 바로 '우리란 무엇인가'다. 세대, 젠더, 계급, 인종, 민족, 장애 등으로 이토록 분열된 풍경 속에서 우리는 대체 무엇을 공유하고 있을까? 누구의 편을 들어야 할까? 이런 상황에서 철학이 기여할 수 있는 바가 있을까?

독일 철학자 위르겐 하버마스에 따르면 오늘날 철학은 불편부당하고 영원한 토대를 마련해서 각자의 역할을 지정하는 심판자가 아니라, 누구든 어떤 학문이든 틀릴 수 있다는 의식을 가지고 다른 사람들, 다른 학문들과 소통하고 협력하는 자리가 되었다. 오늘의 철학은 그러한 각각의 자리에서 자유롭게 발언할 수 있는 표현의 자유를 지키고, 다양한 입장들 간의 차이를 번역하는 해석자 역할을 맡는다. 하버마스는 『진리와 정당화』에서 이렇게 말한다.

> 철학은 정의 문제 및 취향 문제의 논리와 도덕적 감정 및 미적 경험의 고유 의미에 관여함으로써, 이 논의에서 저 논의로 이행하고 이 전문어에서 저 전문어로 번역하는 독특한 능력을 유지, 보존한다. 여기에서 우리는 철학으로 하여금 타당성 간의 차이들을 제거하지 않으면서도 서로 갈라진 이성의 계기들 내에서 통일성을 유지할 수 있도록 해 주는 다언어성이라는 독특한 특징과 만나게 된다.[3]

이렇듯 오늘의 철학은 특정한 정체성의 관점에서 또는 특정한 전문가적 시점에서는 결코 해결할 수 없는 경계에 걸친 물음들이 서로 번역되는 데 기여한다. 하나의 분야의 한계를 인식하고, 부지불식간에 사로잡혀 있는 각자의 맥락 의존성을

---

3   위르겐 하버마스, 윤형식 옮김, 『진리와 정당화』(나남, 2008), 441쪽.

간파하는 데 도움을 준다. 철학이 가진 최상의 유산 중 하나가 "고정되지 않은 사유라는 무정부주의적 유산"이기 때문이다.[4] 그런데 철학이 가지고 있는 이러한 특징은 서로 다른 정체성을 지닌 사람들이 만나는 독서 모임에서 분명하게 드러난다.

어색하고 생산적인
독서 모임

철학책 독서 모임에서는 무슨 일이 일어날까? 결론부터 말하자면 철학책 독서 모임에서는 '대화'가 일어난다. 독서 모임에서 대화가 일어난다는 것은 너무 당연한 이야기로 보인다. 하지만 대화라는 것이 언제나 그렇게 간단한 것만은 아니다.

　　데카르트 이래로 철학적 체험이란 무엇보다도 의심의 체험이라고 여겨진다. 당연해 보이는 것을 의심하고 근본부터 다시 생각하는 것이 철학적 활동이다. 근대 철학의 원점에는 의심의 체험이 있다. 그런데 의심의 체험은 어떻게 가능할까? 나는 내가 그동안 갇혀 있던 특정한 사고방식에서 어떻게 풀

4　　앞의 책, 440쪽.

려날 수 있을까?

　비평가이자 철학자 가라타니 고진은 『탐구』에서 "데카르트에게 '의심하는' 것이란 바로 '생각하는' 것이 공동체에 속하는 것이 아닌가 하고 의심하는 것"이라고 말한다. "의심하는 주체는 공동체 '외부'로 나가려고 하는 의지로서만 존재"한다는 것이다.[5] 데카르트가 겪은 의심의 체험은 17세기 종교전쟁의 배경 속에서 나왔다고 이야기되곤 한다. 종교전쟁이 자기편에의 맹목적인 확신과 타자에 대한 마녀사냥에서 비롯된다는 점을 생각해 본다면, 의심의 체험은 무엇보다 자신이 부지불식간에 물려받은 공동성 자체를 회의하는 것이라고 할 수 있다.

　그런데 이러한 공동성에 대한 의심과 회의는 공동체 바깥의 타자를 만날 때 비로소 가능해진다. 공동체 외부로 나가려는 의지는 타자라는 외부와의 만남 없이는 실현될 수 없다. 이때 타자란 특별히 낯설고 대단한 무언가일 필요는 없다. 서로 어색한 사이라 무슨 말을 해야 할지 고민되는 누구나 해당한다. 말이 잘 통하지 않을 때, 통한 줄 알았지

5　　가라타니 고진, 송태욱 옮김, 『탐구 1』(새물결, 1998), 15쪽.

만 딴소리를 들을 때, '이건 설명이 필요 없겠지?' 했지만 설명이 필요할 때 우리는 일반적인 의미가 언제 어디에서나 통하는 것은 아님을 깨닫는다.

철학책 독서 모임을 해 보면 그런 사실을 피부로 느낄 수 있다. 애초에 철학책이라는 것 자체가 일상의 언어와는 상이한 방식으로 구성되어 있기도 하지만, 철학책을 읽고 이야기를 나눌 때마다 우리는 각자가 개념을 이해하는 방식이나 규범을 생각하는 방식이 서로 상당히 다르다는 사실을 끊임없이 확인하게 된다. 철학책이 규범과 규칙의 근거를 묻기 때문에, 철학책을 매개로 대화하는 우리들도 자신이 가지고 있는 규범과 규칙의 근거가 어디에 있는지를 따져 묻게 된다. 그러다 보면 대체 우리가 어디까지 소통할 수 있는지, 어디에서 소통이 불가능한지를 점차 깨닫게 된다.

한 가지 예로 한국 사회에서 가장 큰 갈등 지점으로 이야기되는 젠더 이슈를 생각해 보자. 여성의 경험, 남성의 경험 등을 우리는 곧바로 이해하지 못하는 경우가 많다. 여자라면 남자들의 군대 체험을 잘 이해하지 못할 것이고, 남자라면 여자들이 겪는 일상적인 성차별 경험을 잘 이해하지 못할 것이다. 게다가 때로는 서로의 체험과 관점, 살아온 궤적이 너무나 달라서 그런 경험이 존재한다는 사실조차 눈치채지 못하기도 한다.

그래서 대화는 가르치고 배우는 식으로 흐르게 된다.[6] 종종 이런 태도를 계몽적 입장이라고 폄하하고 공격하기도 하지만, 특별히 계몽적 관점에서 무지한 자를 계도하려는 것이 아니다. 서로 다른 경험을 갖고 있기에 일반적인 대화의 형식으로는 완전히 소통할 수 없는 지점이 있다는 것을 인정하고, 이 지점을 넘어서기 위해서 우리의 체험이 이렇다, 우리의 개념이 이렇다는 사실을 서로 가르치고 배우는 생산적인 시행착오의 과정이다.

동료 편집자들과의 철학책 독서 모임에서도 그런 경험이 많았다. 운 좋게도 참여자의 남성과 여성 비율이 균형 있게 유지되고, 게다가 남녀 저자를 기계적으로 번갈아 가며 철학책을 읽었는데, 그 과정에서 나는 남자로 살면서는 잘 몰랐던 어떤 경험들을 끊임없이 공유받으면서 내 입장과 위치를 다시 점검하게 되었다. 또 이런 계기가 없었다면 그 전에는 이름도 들어 보지 못했던 현대 여성

---

6   비트겐슈타인을 읽으며 가라타니 고진은 '가르치고 배우는 대화'의 중요성을 강조한다. 앞의 책, 1장 참조.

철학자의 책을 과연 내가 읽었을까 자문하게 되기도 했다. 기계적인 다양성의 배려조차도 실로 놀라운 인식 전환의 가능성을 예비해 준다는 사실을 철학책 독서 모임에서 배울 수 있었다.

철학책 독서 모임에서 대화란 기존의 이해를 중단시키고 타자의 관점에서 우리 자신의 이해와 개념 자체를 재점검하게 한다. 이것은 철학책을 혼자서만 읽을 때에는 도달하기 어려운 경험이다. 이 점에서 철학책 독서 모임의 참여자들은 나의 사적 언어, 사적 이해를 깨뜨리는 외부의 타자가 되고, 내적인 독백으로 빠질 수 없는 아이러니한 대화를 경험하게 도와준다.

예컨대 이런 것이다. 독서 모임에서 아무리 이야기해도 서로 완전히 동의하지는 않는다. 매끄러운 결론이 나지도 않는다. 길게 이야기한다고 해서 모두가 끄덕이지 않는다. 오히려 어색한 적막만 감돈다. 그래도 계속 만난다. 그곳에서 뭔가 새로운 사유가 꿈틀대기 시작한다. 이때 철학책 독서 모임은 우리가 과거 경험을 넘어서 다른 경험들과 접속하는 일종의 만남 구역이자 지적인 교차로가 된다.

출판 현장에서 읽는
21세기 철학

이 책에서 읽는 철학책 열 권은 대부분 21세기에 나왔다. 한국에서는 출간된 지 10년이 지나지 않은 '신간'들이다. 좁은 의미의 철학에 국한하지 않고 사회학, 정치학, 인류학, 생태학 등을 넘나들면서 현재의 이슈에 근본적으로 개입하고 도전하는 철학책이다. 2019년부터 계속해 온 '편집자를 위한 철학 독서회'에서 동료 편집자들과 함께 선정하고, 검토하고, 의미를 찾아낸 책이다.

한국 사회에서 우리는 젠더를 둘러싼 갈등, 문화 충돌, 세대·경제 격차와 같은 오래된 사회 문제에서 극히 최근에 인식되기 시작한 기후 위기까지 다양한 오늘의 문제를 겪고 있다. 이 책에서 다루는 열 권의 철학책은 인간 내면의 위기를 들여다보는 존재론적 탐구에서 인간과 인간 사이의 문제를 탐구하는 사회철학, 인간과 물질의 얽힘을 탐구하는 신유물론이라는 새로운 철학적 접근까지 오늘의 문제들이 놓인 지형을 이해하기 위한 지도를 그린다.

나는 학문의 동향을 파악하는 한편 독서 시장

에 대응하는 일이 직업인 출판편집자의 입장에서 철학책을 읽는다. 여기에는 동시대에 속한 현장 편집자의 감각과 직관이 반영되어 있다. 편집자는 한 분야에서 일가를 이루어 가는 전문가도 아니고, 가벼운 마음으로 좋아하는 책을 읽는 독자도 아닌 묘한 위치에 있다. 편집자는 차라리 패션 디자이너처럼 부지불식간에 유행을 따라가고 새로운 유행을 만들고 또 때로는 유행에 뒤처진다. 유행 속에서 과거의 순간을 인용하고 죽은 것을 되살려 내고 어떤 시대에도 속한 적이 없었던 무언가 체험되지 않은 것을 불러내기도 한다. 니체의 표현을 빌리자면 이렇게 철학자들의 경험은 우리의 정당한 소유물이 된다.

열 권의 오늘의 철학책에는 세 가지 핵심 생각이 담겨 있다. 첫째, 오늘날 우리는 타자들과 함께 살고 있다. '타자'에 관한 과거의 논의가 관용과 환대를 맴돌기만 했다면, 오늘날 다양한 타자'들'의 존재는 모든 정치적, 윤리적 문제 설정을 바꾸고 있다. 정체성 정치와 포퓰리즘 정치가 도처에서 유행하고 그에 바탕을 두고 정치적 활동을 할 때 종종 망각되는 것은 '우리'가 틀릴 수도 있다는 생각이다. 우리의 공동성을 의심하고 회의하는 『나와 타자들』,『관광객의 철학』,『우연성, 아이러니, 연대』는 타자들과 함께 사유할 수 있는 통로를 만들어 내는 철학책이다. 이 책에서 소개되는 '만남 구역', '관광객', '자기의심으로서의 연대' 개념은 오늘날 우리의 의미와 범위를 재구성하는 데 중요한 통찰을 제공해 준다.

둘째, 느긋하게 이어 가는 대화가 우리의 방법론이다. 타자들과 함께하는 오늘날 우리 삶은『낭만주의의 뿌리』에서 설명하는 계몽주의와 낭만주의 사이,『모든 것이 빛난다』가 대비하는 허무와 의미 사이,『사람, 장소, 환대』에서 제기되는 환대와 배제 사이에서 항상 딜레마에 처하게 된다. 어느 쪽이든 주어진 정답도, 완벽한 선택도 없기 때문이다. 그래서 철학자 브뤼노 라투르가 말하듯 "너무 성급하게 어느 편에 서지 않으면서 이 모순, 이 이중의 담론을 검토 대상으로" 삼아 보려는 여유 있는 태도가 필요하다.[7] 아이러니와 차이를 사전에 배제하기보다는 그와 함께 살아가면서 소통의 여지를 남겨 두는 자세가 소중하다.

---

7   브뤼노 라투르, 이세진 옮김,『과학인문학 편지』(사월의책, 2012), 25쪽.

셋째, 우리 너머로 새로운 연결을 만들어 가자. 철학의 확장인 인류학은 "사람 속에서 사람과 함께하는 철학이다. 인류 역사상 지금보다 이런 철학이 더 필요했던 때는 없었다."[8] 지금 우리는 그 어느 때보다 더 강력한 생태 위기를 눈앞에 보고 있다. 오늘의 인류학은 다른 인간 집단만이 아니라 인간 너머의 것들까지도 진지한 연구 대상으로 삼는다. 그 현장에서 우리는 인간과 인간, 인간과 동물, 인간과 자연이 새롭게 연결되는 방식을 목격한다. 21세기의 철학은 더 이상 혼자서 빠져드는 관조가 아니다.『부분적인 연결들』과『해러웨이 선언문』의 어색한 대화에서『숲은 생각한다』에서 배우는 자연과의 상호작용,『지구와 충돌하지 않고 착륙하는 법』에서 배우는 온몸으로 후퇴하는 법까지. 고립에서 벗어나 연결로 나아가는 방법을 제안한다.

철학을 할 자격

이 책은 요즘 읽을 만한 철학책이 무엇인지 궁금해

8   팀 잉골드, 김지윤 옮김,『팀 잉골드의 인류학 강의』(프롬북스, 2020), 13쪽.

하는 독자들을 위해 쓰였다. 지난 10년에 걸쳐 내가 참여한 독서 모임들에서 읽은 것들이기에, 요약과 논평에 이어서 함께 책을 읽었던 다른 참여자들의 이야기도 담아내려고 노력했다.

그런데 무슨 자격으로? 오늘의 철학을 선택하는 가치 판단에 동시대인이라는 것 이외의 특별한 자격이 필요하지는 않을 것이다. 하지만 나는 전문 철학자가 아니기에 다소 무모하고 초보적인 시도임에는 틀림없다. 선행 사례도 찾기 어려웠다. 그러나 무모해지지 않으면 어떤 철학도 시도할 수 없다. 나는 철학자 알랭 바디우의 말에서 용기를 얻었다. "분명히, 철학이 진정으로 나타날 때 무모하지 않다면, 그것은 아무것도 아니다."[9]

'세상이라는 커다란 책'과 씨름하는 오늘의 철학책들은 언제나 하나의 윤리학이자 정치학이다. 다른 사람을 비난하거나 고발하기 이전에 나 자신 그리고 우리 자신을 더 좋은 방향으로 변형하기 위한 것이다. 출발점은 철학책을 읽는 '행위자 자신의 변형'이다. 이는 무엇보다 철학책을 촉매로 삼아

---

9   알랭 바디우, 박성훈 옮김, 『철학을 위한 두 번째 선언』(길, 근간), 4장 참조.

자신의 사유를 시작한다는 말이기도 하다. 철학책이 다른 학문 분과의 책들과 다른 점이 있다면, 그것은 단순히 지식 습득만을 목표로 하지 않기 때문이다.

한 가지 분명하게 말할 수 있는 것은 나 자신은 바로 그런 철학책들을 촉매로 삼아 스스로의 사유를 시작했고 그 결과물이 이 책이라는 것이다. 당연히 다른 사람이었다면 또 다른 사유가 나왔을 것이고, 이 책을 읽은 독자들도 각자의 사유를 시작하게 될 것이다. 오늘의 철학책은 신성시되어야 할 어떤 것이라기보다는 사유를 촉발하는 최고의 촉매제라고 할 만하다. 철학책은 또 다른 철학책을, 철학은 또 다른 철학을 불러온다. 모쪼록 이 책이 독자들이 자신의 철학적 사유를 시작하고 세상을 다른 방식으로 탐구하기 위한 하나의 촉매제로 활용되기를 희망한다.

차례

1부

타자들과
함께하는 삶

> "지상에서 함께 살 이들을
> 우리가 선택할 수는 없다."
> ―주디스 버틀러,
> 『지상에서 함께 산다는 것』

1장

정체성의 편집자들
—『나와 타자들』(2019)

> "이제 우리 모두가 공유하는
> 세계관은 없다."[1]

기묘한 제목에서 시작해 보자. 오스트리아 철학자
이자 저널리스트 이졸데 카림의 『나와 타자들』은
언뜻 보면 평범해 보이지만 꽤나 특이한 제목을 내
걸고 있는 정치철학 에세이다. 어떤 면에서 기묘하
고 특이한가? 철학이라는 학문 분과에서 자아와 타
자의 문제는 그동안 수없이 반복되고 변주되어 온
낡디낡은 주제가 아니던가?

조금만 더 자세히 들여다보자. 나와 타자들이
라는 제목은 신기한 울림을 준다. 여기에서 관건은
단순히 나와 타자가 아니라 나와 타자'들'이다. 타

---

1   이졸데 카림, 이승희 옮김, 『나와 타자들』(민음사, 2019), 70쪽.
    이하 각 장에서 다루는 책의 직접 인용은 본문에 쪽수로 밝힌다.

자라는 단어 뒤에 붙어 있는 '-들'이라는 작은 접미사가 모든 것을 바꾼다. 과거의 철학에서는 사회와 민족의 동질성으로 인해 결코 문제시되지 않았던 타자들의 다원성과 복수성이 오늘날 모든 정치적, 윤리적 문제 설정을 달라지게 만들고 있다. 이 간명하고 영리한 제목은 그 사실과 정면으로 마주하게 한다.

짐작할 수 있듯 이쫄데 카림이 책 속에서 언급하고 있는 타자들은 우리 공동체 바깥에 있는 낯설고 멀기만 한 그런 사람들이 아니다. 오히려 그들은 우리 공동체 안에 있는 타자들, 이미 우리 옆에 있는 평범한 타자들이다. 다양한 나라에서 일자리를 찾아 건너온 이주 노동자들, 퀴어문화축제에서 만날 수 있는 성소수자들처럼 곁에서 일하고 먹고 노는, 어느새 우리의 이웃이 되어 버린 타자들이다.

표준국어대사전에 따르면 이웃이란 '나란히 또는 가까이 있어서 경계가 서로 붙어 있음'을 의미한다. 타자들이 이웃이 된다는 건 무엇보다 물리적 경계를 공유한다는 뜻이다. 그런 다음에는 심리적 경계, 문화적 경계, 심지어 정치적 경계까지도 서서히 공유하게 되기 마련이다. 그 과정에서 변치 않을 것이라고 믿어 의심치 않았던 나의 정체성,

그리고 우리의 정체성이 가랑비에 옷 젖는 줄 모르
듯 서서히 변해 가고 만다.

　카림은 책 초반부에서 인상적인 시각 이미지
를 담은 한 포스터에 대해 언급한다. 오스트리아
곳곳에 게시되었던 이 포스터 상단에는 "가슴이 말
합니다. 존중은 머리가 하는 일입니다!"라는 흥미
로운 문구가 독일어로 적혀 있고, 하단에는 네 사
람의 머리가 보인다.[2] 왼쪽부터 유대교 전통 모자
인 키파를 쓴 남자, 짧은 스포츠머리의 흑인, 히잡

을 쓴 여자, 그리고 오스트리아 전통 모자를 쓴 남자의 모습이 있다.

쉽게 알 수 있듯 이 포스터는 다문화 사회 속에서 문화 간 상호 존중의 메시지를 전달하기 위해 만들어졌다. 동시에 이 공익 포스터는 그 자체로 사회와 문화가 이미 다원화되어 있다는 사실을 이미지를 통해 나타내고 있기도 하다. 나아가 카림이 지적하듯 한때 오스트리아를 대표하는 민족 유형의 표상이었던 '오스트리아 전통 모자'를 쓴 남자는 더 이상 유일무이하고 독점적인 민족 유형의 이미지가 되지 못한다. 이제는 고작해야 넷 중의 하나에 불과하기 때문이다.

같은 방식으로 우리는 오늘날 한국인을 대표하는 민족 유형의 표상이 무엇인지 질문해 볼 수 있다. 산업화 세대의 산업 역군인가? 민주화 세대의 깨어 있는 시민인가? 아니면 밀레니얼 세대의 페미니스트인가? 오스트리아에 비하면 민족적 다원성이 크지 않음에도 우리는 더 이상 하나의 민족 유형이나 하나의 세대, 하나의 성별만으로는 한국인 전체의 이미지를 대표할 수 없는 복잡하고 다원적인

2   이 포스터에 대한 설명은 『나와 타자들』, 36~46쪽 참조.

시대에 살고 있다. 타자들은 우리 바깥이 아니라 이미 우리 안에 있다. 우리 안에는 우리가 너무도 많다. 그리고 이 사실은 나를 불안하게 만든다.

나와 타자들이 알게 모르게 공존하고 있는 이 사회를 카림은 '다원화 사회'라 부른다. 이것이 현재 우리에게 주어진 동시대적 조건이다. 누구도 이 엄연한 사실 자체를 부정할 수는 없다. 타자들이 없는 과거의 동질 사회로 돌아갈 방법도 없다. 그런데 이런 사회에 산다는 건 도대체 무엇을 뜻할까? 다원화 사회는 우리 각자의 정체성에 어떤 영향을 미칠까? 이 책이 탐구하는 질문들이다.

1990년대였다면 그런 탐구 대신에 환대, 관용, 타자에 대한 인정, 차이의 윤리 같은 좋은 말을 늘어놓는 것으로 충분했을지도 모른다. 그러나 다문화 배경을 가진 소수자 학생을 '다문화'라고 부르면서 차별하는 최근의 사례가 보여 주듯 성찰 없이 사용되는 양식 있는 언어는 힘도 진리도 지니지 못한다. 현실적 맥락, 구체적 역사, 타자들이 처한 실제 상황을 고려하지 않은 채 내뱉어지는 무조건적인 관용 담론은 도리어 위선이라는 비난이나 반발을 일으킬 뿐이다.

『나와 타자들』은 타자들을 무조건 환대하자거

나 타자들과의 영원한 평화를 지향하자는 식의 도덕적 담론을 일방적으로 설파하는 윤리 지침서가 아니다. 타자들과의 불가피한 공존 속에서 발생하는 정체성의 불안정성과 그 정치적 귀결들을 분석하며 우리 모두의 공통적 현실에 대한 진지하고 시사적인 성찰을 담고 있는 오늘의 철학책이다. "우리는 환상을 가져서는 안 된다. 다양성은 기분 좋은 공존이 아니다."(42쪽) 이곳이 우리가 사유를 시작해야 할 지점이다.

감소된 자아와 그 적들

분명 그리 오래전이 아닌 과거에는 동질화된 세계가 있었다. 누구에게나 주어지는 삶의 각본이 있었고, 그런 정형화된 각본이 잘 기능했던 시대다. 그러나 오늘날 그런 동질 세계는 더 이상 작동하지 않는다. 카림은 이렇게 되묻는다.

"전 민족이 오후 7시 30분이나 8시에 텔레비전 앞으로 모여 앉는다고 상상해 보라. 그랬던 적이 없는 젊은 사람들에게만 이상한 것이 아니라, 실제로 경험했고 그렇게 자란 사람들에게도 이런 일은 더 이상 상상할 수 없게 되었다."(28쪽)

이렇듯 주어져 있던 동질성의 세계가 사라지고 하나의 국민이나 민족 사이에서도 정서적 동질감이 공유될 수 없다면 어떤 일이 벌어질까?

과거의 민족 세계는 민족을 구성하는 개개인에게 (비록 허구나 가상이라 해도) 완전하고 온전한 정체성과 소속을 보장해 주었다. 개인들이 성별, 직업, 거주지 등에서 서로 다를지라도 민족이라는 '상상의 공동체'는 그들 모두가 기댈 수 있는 하나의 당연한 세계를, 공통의 정체성을 제공해 주었다. 우리는 '유사한 개인들의 사회'에 살고 있었다.

그러나 이제 민족이라는 정체성은 서로 다른 여러 정체성들 가운데 하나에 지나지 않는다. 민족 정체성이 침식되고 그 중심성이 해체된다는 건 개인에게 가장 본질적인 소속감을 주면서 다른 모든 정체성을 포괄하는 역할을 했던 '정체성의 정체성'이 사라진다는 것을 뜻한다. 그리하여 그 누구도 완전하고 온전한 정체성을 누릴 수 없게 된다. 남는 것은 서로 다른 여러 정체성들 간의 끊임없는 부딪침이다. 결국 정체성의 다원화는 우리가 사회에 속하는 방식을 바꿀 뿐 아니라 자기 자신과 맺는 관계 방식마저도 바꾸어 버린다.

오늘날 우리의 정체성은 언제나 다른 정체성과 나란히 서 있다. 이 상황은 단순히 외적인 만남에 그치지 않고, 나아가 끊임없이 반복해서 새로운 질문을 던진다. 그리고 바로 이 경험, 즉 우리 자신의 정체성이 언제나 다른 정체성들 사이에 있는 선택이라는 경험이 우리를 바꾸고 있다. 우리와 우리의 정체성 사이에는 피할 수 없는 거리가 놓여 있다. 말하자면 우리는 우리 자신과 거리가 있다.(59쪽)

이렇듯 사회의 다원화는 우리 각자 내면의 정체성 인식과 구성에도 커다란 영향을 미친다. 다원화가 우리 각자 안에 자리 잡은 다양성을 의미하게 되면서 나의 정체성은 '감소'되기에 이른다. 나는 더 이상 당연하고 완전하고 온전한 나가 아니며, 그 정체성은 항상 의문에 놓여 있기 때문이다. 이를 카림은 "완전함에서 뭔가 빠진, 감소된 자아"라고 부른다.(103쪽) 문제는 이러한 정체성의 불안정성이 결코 해소될 수 없다는 것이다.

생활 양식의 다원화, 인구의 다원화, 정체성의 다원화를 되돌릴 길은 없다. 이 사실은 누군가에게는 축복으로도, 누군가에게는 상실로도 경험될 수 있으며, 심지어 자신의 정체성에 대한 심각한 공격으로도 경험될 수 있다. 그리하여 정체성의 다원화라는 현실을 있는 그대로 수용하기보다는 기존의 정체성을 적극적으로 방어하려는 움직임이 등장하게 된다. 다원화의 형태만큼이나 그에 대응하는 수많은 방어 형태 또한 더불어 출현하게 되는 셈이다. 카림은 한마디로 이 현상을 요약한다. "모든 다원화된 삶의 무대들은 이중화된다."(105쪽)

이 책이 주는 예리한 통찰의 핵심이 여기에 있다. 카림은 바로 이 명제가 우리의 사회생활에서 기본 사실이 되었다고 말한다. 여기에서 이중화란 다원화 형태와 다원화에 저항하는 형태가 서로 이중화되어 나타나는 현상을 말한다.

다원화에 대한 저항은 다양한 영역에서 등장한다. 종교 영역에서는 종교적 근본주의나 테러리즘으로, 문화 영역에서는 전통적인 것의 때아닌 재활성화로, 정치 영역에서는 여러 형태의 포퓰리즘으로, 도덕 영역에서는 정치적 올바름에 대한 좌우파의 비난으로 등장한다. 다원화는 아무런 저항과 방어 없이 진행되는 일방적인 정책 같은 것이 아니다. 서로 다른 정체성 사이에 장벽을 세우고, 여성이나 어린이, 장애인 등 타자를 혐오하는 사회 문제가 부상하는 것은 바로 이러한 맥락에서다.

그렇다면 우리는 일각에서 말하듯 젠더 전쟁이나 문화 전쟁을 겪고 있는 것일까? 카림은 아니라고 답한다. 왜냐하면 진짜 전선은 고정된 정체성대 다른 고정된 정체성 간의 갈등이 아니라, 오히려 다원주의 대 반(反)다원주의의 갈등에 있기 때문이다. 정체성들 간의 갈등이란 실은 다원화 사회속에서 각각의 정체성들을 어떻게 대할 것인가를두고 벌어지는 다원적 태도와 반다원적 태도 사이의 갈등이라는 것이다.

'너는 누구냐'를 세 가지로 묻기

우리들 각자는 서로 다른 정체성 물음에 직면하고있다. 세대에 따라, 성별에 따라, 태도에 따라 정체성 물음은 각기 차별화된다.

카림은 민족적 동질 사회에서 나타나는 개인주의를 1세대 개인주의(개인은 민족 정체성이라는 온전한 정체성을 갖는다.)로 부른다. 1960년대 이후 등장한 정체성 정치의 개인주의는 2세대 개인주의(개인은 여성, 장애인 등의 차이 나는 정체성을 갖는다.)이며 그리고 다원화 사회에서 나타나는 불안정한정체성의 개인주의는 3세대 개인주의다.(개인은 우연성의 감각 속에서 정체성을 끊임없이 변화되는 것으로 경험한다.) 이러한 세 가지 개인주의는 시대가 바뀌면서 대체되는 것이 아니라 오늘날 치열하게 대립하면서 공존하고 있으며 서로 다른 정체성 물음을 만들어 낸다.

여기에서는 정체성 물음, 즉 너는 누구냐라는 물음을 어떻게 묻는지에 따라서 카림의 세 가지 개인주의 논의를 한국 사회에 적용하여 다시 유형화해 보려고 한다. 이를 통해 한국 사회의 개인들이 어떻게 서로 다른 정체성 물음에 직면하고 있는지 짐작해 볼 수 있을 것이다. 이는 오늘의 철학을 나름대로 사용해 보려는 한 가지 시도이기도 하다.

1세대 개인주의(민족적 동질성의 개인주의)에 속한 한국인들은 티자들에게 "너는 한국인이냐?"라는 물음을 묻곤 한다. 이것은 한편으로 동화와 포용의 물음이지만, 다른 한편으로 배제와 추방의 물음이기도 하다. 한국적 관습에 동화되지 않는다면 결코 한국인으로 여겨질 수 없기 때문이다. 이때 강력한 선별 과정과 포용성이 동시에 모순되게 작용한다. 작가 임명묵이 관찰하듯 "한국인들이 (이주 노동자) 무슬림에게 돼지고기를 먹자고 하는 것은 그들 입장에서 폭력으로 다가올 수 있지만,

삼겹살과 소주를 거리낌 없이 먹는다면 그가 어디에서 왔건 그저 한국인처럼 대하는 것이 바로 억압이면의 포용성인 것이다."[3] 바로 여기에 민족적 정체성에 바탕을 둔 1세대 개인주의, 특히 산업화 세대와 민주화 세대의 명암이 존재한다.

2세대 개인주의(정체성 정치의 개인주의)에 속한 일부 사람들은 "너는 진짜 여성이냐?"라는 물음을 묻는다. 우리가 오늘날 목격하듯 젠더와 관련된 물음은 "페미니즘 세대"[4]의 정치적 주체성을 구성하는 핵심적 물음이 되었다. 한편으로 이러한 정체성 정치의 물음은 기존에 억압된 주체들이 자신의 목소리를 낼 수 있게 되는 해방적인 과정이지만, 다른 한편으로 이런 대항 정치적 물음 역시 적과 동지를 나누려는 심문과 색출의 물음으로 변질되는 것을 피하기 어렵다. 남성인지 여성인지, 페미니스트인지 안티페미니스트인지, 진짜 여성인지 가짜 여성인지 등에 대해 끝없이 되물어야 하기 때

---

3   임명묵, 『K를 생각한다』(사이드웨이, 2021), 219쪽.

4   박동수, 「페미니즘 세대 선언」, 《한편》 1호 '세대'(민음사, 2020)
     참조. "이 말은 오늘날의 청년세대 모두가 페미니스트라는 것이
     아니라, 청년세대가 페미니즘과의 긍정적 또는 부정적 관계 설
     정 없이는 자신의 정치적 주체성을 확보할 수 없다는 것이다."

문이다. 여기에서 정체성의 포용은 제한적으로만 발휘된다. 이것이 페미니즘 세대의 명암이다.

그렇다면 3세대 개인주의(우연성의 개인주의)에 속한 사람들은 어떤 정체성 물음을 던지는가? 카림은 책의 마지막 문단에서 이렇게 말한다. "너는 누구냐?라는 질문은 중요하지 않다. 훨씬 중요한 질문은 이것이다. 너는 네가 누구라고 생각하는가?"(293쪽) 바꾸어 말하면 '나는 나를 누구라고 생각하는가?' 하는 물음을 던진다는 것이다.

다원화 사회에서 살아가는 3세대 개인주의자는 단순히 민족 정체성 바깥에 있는 것도, 젠더 문제 바깥에 있는 것도 아니다. 그 모든 문제는 여전히 우리와 함께 있지만, 그것들은 다른 정체성 물음들 사이에 놓이면서 상대화되고 만다. 어떤 정체성도 기존에 가졌던 확실성을 갖지 못한다. 따라서 우리는 우리 자신을 어떻게 생각해야 할지를 끝없이 성찰하고 의심하는 우연한 주체가 된다. 바로 이것이 정체성의 감소가 뜻하는 바다.

한편으로 이러한 변화는 우리 모두가 자유롭게 다양한 정체성을 선택하고 자신을 고유하고 특이한 '나'로 만들 수 있게 하지만, 다른 한편으로 어디에도 소속되지 못하는 불안감을 키우면서 쉽게 소비자주의에 포섭될 수도 있다. 사회비평가 박권일이 말하듯 "3세대 개인주의의 정의 감각은 소유권에 기반한 소비자 정체성에 밀접히 닿아 있다."[5] 소비자로서 우리는 돈만 있다면 모든 정체성을 소유하거나 감출 수가 있는 것이다. 이것이 3세대 개인주의의 명암이다.

상황이 이러하다면, 문화인류학자 김항이 말하듯 어쩌면 "'너는 누구냐'라는 물음을 멈추는 행위의 반복만이 민주주의의 요체가 될"[6]지도 모른다. 정체성 물음을 묻는 것 자체를 망각하기가 오히려 인간적으로 되는 한 가지 방법일 수 있다. 어떤 정체성 물음이든 결국 '갈라치기'로 귀결될 수밖에 없다면 말이다.

그러나 이런 해결책은 개인적 관계에서는 충분히 효과를 볼 수 있겠지만, 다원화된 개인들 간의 사회적 접촉이 나날이 늘어나는 사회 현실 안에서는 적용되기 어렵다. 정체성들 간의 차이는 개인적으로는 망각될 수 있지만, 사회적으로는 결코 지

5   박권일, 「정체성 정치에 대한 탁월한 해부도」, 《시민과 세계》 35호(2019), 245쪽.

6   김항, 「내전과 현대 민주주의의 상황」, 《인문학연구》 제56호(2018), 35쪽.

워질 수 없는 것이기 때문이다. 따라서 어떻게 차이 나는 정체성들을 안전하게 노출시키고 교환할 것인가라는 문제를 고민하지 않을 수 없다.[7]

다원화와 재동질화 사이

이와 같이 다원화 무대가 이중화되어 있으며 세 가지 개인주의의 모델이 공존하고 있다는 것은 다음과 같은 사실을 의미한다. 한편에서 동질화 사회의 동질화 압력이 여전히 실존하고, 다른 한편에서 이 동질화 압력에서 벗어나려는 다원화 흐름이 부상하고 있으며, 다원화 사회를 다시금 동질화시키려는 '재동질화 압력'까지 우리의 다원화 사회 속에 모순되게 공존하고 있다는 것이다. 오늘날 우리가 수많은 정체성들의 갈등과 분열을 목격하게 되는 것은 이처럼 서로 다른 방향의 힘들이 동시에 작용하는 결과다. 세대 간, 젠더 간 갈등에 다문화 정책

---

7   이 문제는 철학자 조르조 아감벤과 장뤽 낭시 사이의 정치철학적 차이를 요약하고 있다고 볼 수도 있다. 아주 거칠게 요약하자면 정체성 망각의 편(아감벤)에 설 것이냐, 아니면 정체성 노출의 편(낭시)에 설 것이냐 하는 문제다. 아감벤의 입장은 『도래하는 공동체』(이경진 옮김, 꾸리에, 2014)를, 낭시의 입장은 『무위의 공동체』(박준상 옮김, 인간사랑, 2010)를 참고하라.

을 둘러싼 갈등들이 생길 수밖에 없는 이유다.

　"다원화, 그리고 다원화에 대한 저항과 방어는 서로 반대일 뿐 아니라 '우리'를 만드는 두 가지 방식이기도 하다."(140쪽) 우리는 또한 '우리'를 만드는 이 두 가지 방식을 두고 경쟁하고 갈등하며 적대하게 될 것이다. 이것이 우리 시대의 근본적인 적대 지점이라고 말할 수도 있다.

　정치철학자 샹탈 무페는 이렇게 말한다. "근본적 부정성을 인정한다는 것은 인민이 다양하다는 사실뿐만 아니라 인민이 분할되어 있다는 사실까지 인식한다는 것을 함축한다. 이런 분할은 극복될 수 없다. 다만 상이한 방식으로, 다른 것들보다 좀 더 평등주의적으로 제도화될 수 있을 뿐이다."[8] 다원화와 재동질화 사이의 적대를 어떻게 제도화시킬 것인가? 달리 말해 다원주의의 한계와 재동질화의 한계를 어떻게 인식하고 그 한계들을 어떻게 함께 풀어 갈 것인가? 오늘날 우리가 직면한 가장 핵심적인 정치철학적 물음이 여기에 놓여 있다.

　이런 적대를 일정 부분 해소하기 위한 한 가지 방책으로 카림이 제시한 '만남 구역'이라는 대안을

8　샹탈 무페, 서정연 옮김, 『경합들』(난장, 2020), 23쪽.

살펴보자. 만남 구역이란 오스트리아와 스위스 등에 도입된 교통 구역이다. 이곳에서는 보행자와 자전거와 자동차가 보도와 도로의 구분 없이 길을 가로지르며 왕래하는데, 모두가 20킬로미터의 제한속도를 지켜야 한다. 신호등 없이 보행자와 운전자의 자율적인 규제를 통해 교통이 운행되는 만남 구역은 중립적인 법질서를 넘어서 다양한 정체성을 지닌 타자들이 서로 만나고 교류하는 공간을 비유한다. 단순한 외면적 안전은 더 이상 시대와 맞지 않기 때문이다. 다원화 사회에 살기 위해서는 참여자들 스스로 배려와 주의의 원칙 그리고 함께라는 원칙을 내면화해야 한다. 따라서 만남 구역은 단지 법적으로 추상적인 동등함이 보장되는 공간에 머물 수 없다. 카림이 말하듯 "오늘날 우리에게는 다름이 동등하게 만날 수 있는, 추상적이지 않은 만남의 장이 필요하다."(71쪽)

　　다원화된 개인들이 유사성이 아닌 다양성을 기꺼이 나누는 장소를 카림은 구상하고 있다. 그리하여 만남 구역을 21세기 다원화 사회의 상징으로 도입하려 한다. 이것은 꽤나 이상적으로 들릴 수도 있다. 교통 운행과 정체성 교환이 같은 것일 수 있을까? 우리는 이미 그런 장소를 하나 알고 있다. 바로 퀴어문화축제다.

실로 퀴어문화축제는 현실화된 만남 구역의 사례라고 해도 과언이 아니다. 지리학자 홍예륜이 말하듯 "지방도시의 퀴어 축제는 해당 지역에 사는 성소수자들에게 거주 지역 내에서 정체성을 드러낼 기회를 갖게 하는 안전한 공간이자 커뮤니티 형성을 가능하게 하는 플랫폼이 된다."[9] 수도권만이 아니라 대구, 제주, 부산 같은 지방 도시에서도 벌어지는 퀴어문화축제는 성소수자들만이 아니라 그들에 반대하는 사람들, 그들에 대해 잘 모르던 사람들, 경찰과 같은 정부 행위자들까지 축제의 과정에 참여시킴으로써 우리 모두를 만남 구역 속으로 밀어 넣는다. 이는 성소수자들이 정체성을 드러낼 기회를 갖게 하는 동시에 그들의 현존을 '노출'함으로써 같은 도시의 시민들이 그 의미를 되새기는 계기가 되기도 한다. 정체성들 간의 만남이 적대와 혐오로 귀결되지 않으려면, 그리고 정체성을 영원히 감추고 살 것이 아니라면 우리는 이런 축제의 공간에 대해 더욱 관대해질 필요가 있다.

9   홍예륜, 「지방 도시의 퀴어 축제를 통해 형성된 다양성 레짐: 대구, 제주, 부산을 사례로」, 《공간과사회》 제29권 2호(2019), 126쪽.

타자들과 함께
『나와 타자들』 읽기

책을 만드는 입장에 있는 편집자들이 철학책에 대해서 이야기한다는 건 어떤 것일까? 2019년에 '편집자를 위한 철학 독서회'를 시작했을 때 가장 궁금했던 점도 사실은 그런 것이었다.

편집자라고 해서 자신이 만들지도 않은 책을 일반 독자보다 더 객관적으로 평가할 수 있는 것은 아니다. 편집자 역시도 자신만의 취향을 가진 한 사람의 독자 입장에서 책을 접할 뿐이다. 그럼에도 약간의 차이가 있다면, 편집자는 책에 몰입하는 독자이자 잘 몰입하지 못하는 편집자의 입장에서 책을 관찰한다는 점에 있을 것이다. 책을 읽을 때 편집자는 책 내용 자체의 의미를 생각할 뿐 아니라 그 책이 기획되고 집필되고 편집되고 제작되고 유통되고 홍보되는 여러 과정들을 동시에 생각해 보게 된다. 편집자들이 함께 모여 독서 모임을 하면 그런 편집자적 시선이 한층 더 도드라지게 마련이다.

그런 시선이 철학책이라는 독특한 분야에 적용되면 어떤 일이 생길까? 일반적으로 철학책은 인생과 세상을 바라보는 심오한 시선을 담은 책, 반드시 읽어야 하는 필수적인 고전으로 중압감을 주는 책 혹은 삶의 지혜를 이야기하는 자기 수양서처럼 여겨지곤 한다. 그러나 이것이 철학책이 하는 일의 전부는 아니다. 철학자 헤겔은 『법철학』 서문에서 "자신의 시대를 사상으로 포착한 것이 철학이다."[10]라고 말한 바 있다. 이런 의미에서 우리가 주목한 철학책은 동시대의 포착을 중요한 사유의 계기로 삼고 지금 여기에서 일어나는 우리 시대의 문제와 대결하는 '오늘의 철학책'이었다. 『나와 타자들』이 이런 문제의식을 잘 담고 있는 책이었다는 점을 여기에서 다시 이야기할 필요는 없을 것이다.

그런데 철학책이 우리 시대를 포착하고 그에 대해 뭔가를 말한다는 것은 역설적으로 시대와 완전히 부합하는 것은 아니라는 의미이기도 하다. 철학자 조르조 아감벤이 한 에세이에서 언급하듯 동시대인이란 자신의 시대와 정확히 일치하는 자, 그 시대에 완벽히 속해 있는 자, 자기 시대의 요구에 전적으로 순응하는 자가 아니다. 외려 "시차와 시대착오를 통해 시대에 들러붙음으로써" 우리는 동

10   G. W. F. 헤겔, 임석진 옮김, 『법철학』(한길사, 2008), 51쪽.

시대인이 될 수 있다.[11]

시대와 완전히 부합한다면 시대를 굽어볼 수
가 없고, 반대로 시대와 완전히 동떨어져서 과거에
대한 향수에 젖어 있다면 시대를 증오하는 데 그칠
것이다. 우리는 동시대에 속해 있으면서도 때에 맞
지 않는 성찰을 통해 동시대와 대결하는 철학책들
을 함께 읽어 보고자 했다. 시대에 몰입해 있으면
서도 완전히 몰입하지는 못한다는 점에서 철학책
과 편집자들 사이에는 비슷한 점이 있는 셈이다.

이렇듯 철학책과 편집자들이 공유하는 이 기
묘한 위치성의 감각은 특히 우리가 『나와 타자들』
이라는 책에 대해서 편견 없이 이야기할 수 있는
중요한 계기가 되기도 했다. 한 가지 일화를 이야
기해 보자. 『나와 타자들』 원서의 부제는 '새로운
다원화가 어떻게 우리 모두를 바꾸는가'라는 꽤나
중립적인 제목이다. 그런데 이 책을 한국에 들여
오면서 담당 편집자는 시대 상황에 맞게 과감하게
부제를 바꾸었다. '우리는 어떻게 타자를 혐오하면
서 변화를 거부하는가'라는 이름으로 말이다. 원서

---

11   조르조 아감벤, 「동시대인이란 무엇인가?」, 양창렬 옮김, 『장치
란 무엇인가?』(난장, 2010), 72쪽.

부제와 확연히 다른 이 한국어판 부제 때문에 이를 공개적으로 비판하는 사람들이 있기도 했다. 예를 들어 사회비평가 박권일은 이 책에 대한 서평에서 "'혐오'라는 단어, 그리고 '우리는 어떻게 변화를 거부하는가'라는 문장은 저자의 논지와 너무 동떨어져 있다. 책의 핵심 주장은 원서 부제처럼 '우리 모두가 바뀌어 가고 있다'는 점이다. 그런데 '우리가 변화를 거부한다'는 식으로 부제를 붙여 놓으니 반대 의미가 되고 말았다."라고 독자 입장에서 비판을 제기했다.[12]

물론 일정 부분 그런 측면이 있는 것은 사실이다. 그런데 나는 편집자 입장에서 전혀 다르게 생각했다. 만약 원서의 부제 그대로였다면 이 책의 전체 이미지와 표지 느낌은 완전히 달라졌을 것이다. 어쩌면 이 책은 다가온 사회 변화를 진단하고 해법을 제시하는 트렌드 분석서로 포지셔닝 되었을지도 모른다. 그러나 '우리는 어떻게 타자를 혐오하면서 변화를 거부하는가'라는 과감하고 공격적인 부제를 택함으로써 이 책은 그저 중립적인 서술에 머무는 책이 아니라 분명한 입장을 세우고 상황

<hr>

12   박권일, 앞의 글, 239~240쪽.

에 개입하는 철학책의 면모가 부각된다.

앞서 보았듯 이 책에는 이 두 가지 면이 공존하고 있다. 이졸데 카림은 한편에서는 그 누구도 피할 수 없는 다원화의 도래를 이야기하지만, 다른 한편에서는 다원화에 저항하는 방어 형태들의 양상을 서술하는 데 초점을 맞춘다. 이 책이 단순한 다원화사회론과도, 단순한 혐오 비판론과도 다른 지점이 여기에 있다. 다원화 형태와 다원화에 저항하는 형태가 서로 이중화되어 나타날 때 진짜 전선은 정체성들의 전쟁이 아니라, 다원주의 대 반다원주의에 있다는 진실을 통찰하는 분별력이 이 책이 널리 읽힌 이유다. 그러므로 원서 부제도 한국어판 부제도 각각 사태의 한 면을 부각하는 것이지 정답이 있는 게 아닌 셈이다. 그도 그럴 것이 원서의 부제 역시 저자와 편집자가 고민한 편집의 산물이고, 번역서의 부제 역시 편집의 산물이 아닌가.

이 점에서 보면 편집자란 그저 저자의 메시지를 순수하고 투명하게 재현하는 작업을 하는 사람이 아니라, 저자의 메시지와 편집자 자신의 생각을 조합해 하나의 입장에 서서 세상에 영향을 끼치려는 사람, 요컨대 사상으로서의 편집을 하는 사람임을 알 수 있다. 부제를 그대로 써야 한다는 생각은 여전히 투명한 정보 전달이 최선이라는 생각에 빠져 있다. 그러나 중요한 것은 원문 그대로의 수용과 전달에만 머무는 것이 아니라 스스로의 자리에서 어떻게 그것을 번역할지를 사유하는 것이다. 편집자든 독자든 우리는 단순한 정보 전달의 중간 매체가 아니라 고유한 생각을 가진 매개자이기 때문이다.

게다가 이것은 『나와 타자들』이 던져 주는 핵심 주제와도 연결되어 있다. 이 책에서 언급되는 타자들은 단순히 우리에게 동화되어야 할 대상이 아니라 우리 자신의 정체성 구성에 커다란 영향을 미치는 행위자들이다. 어쩌면 오늘날 다원화 사회에서 살아가는 우리 모두는 서로 영향을 주고받는 '정체성의 편집자들'이라고 말할 수 있을지도 모른다. 그렇다면 우리는 독서회 참여자인 편집자 신새벽이 말했듯 "서로의 이름을 불러야 한다." 이는 '타자를 사랑해야 한다'는 당위나 '타자를 혐오하면 나쁜 사람'이라는 단순하고 성급한 판단에서 벗어나 눈앞에 있는 상대의 영향력에 열려 있자는 뜻이다. 또 다른 참여자인 편집자 맹미선이 말했듯 "어딘가, 무언가로 통합되지 않은 채 쪼개진 결대로 존재하는 새로운 주체"인 우리에게는 다른 사람들과의 더 많은 만남과 대화가 필요하다.

애초에 나 자신이 『나와 타자들』을 읽고 그에 대해 이렇게 글을 쓰고 거기서 비롯되는 다양한 문제들을 생각하게 된 것 자체가 철학책 독서 모임의 결과다. 이런 계기 아니었다면 전에는 이름도 들어 보지 못했던 현대 여성 철학자의 책을 과연 내가 제대로 읽었을까? 말 그대로 철학책 독서 모임이 만남 구역의 역할을 한 셈이다.

2장

친구도 적도 아닌
―『관광객의 철학』(2020)

> "여행을 하면서, 우리와 반대되는 감각을 갖고 있는
> 사람이라고 해서 모두 야만스럽고 미개한 것이 아니라,
> 그 가운데 많은 사람은 우리 못지않게, 혹은 우리 이상으로
> 이성을 사용하고 있다는 것도 알게 되었다."[1]

'20세기가 전쟁의 시대였다면 21세기는 관광의 시대가 될지도 모른다.'

2020년 코로나 바이러스 대유행으로 전 세계의 이동이 마비되고 관광의 시대가 일시 중단되는 세계사적인 사건이 없었다면, 우리는 이 명제를 아무런 의심 없이 옹호할 수 있었을지도 모른다. 관광에 대해 그런 기꺼운 마음을 가지고 있었다면, 일본의 철학자이자 비평가 아즈마 히로키가『관광객의 철학』에서 던졌던 철학적 화두인 '관광'에 대해서도 더 깊이 이해해 보려고 했을지도 모른다.

---

[1] 르네 데카르트,『방법서설』. 김은주 옮김,『생각하는 나의 발견 방법서설』(아이세움, 2007), 34~35쪽에서 재인용.

그러나 불행히도 2017년 일본에서 출간되어 철학서로는 이례적으로 베스트셀러가 되었던 『관광객의 철학』은 하필이면 2020년 8월, 그러니까 코로나 시대 한복판에 한국 사회로 도착해 미미한 영향만을 끼치는 데 그치고 말았다. 그럼에도 이 독특한 철학서가 갖는 가치는 퇴색하기는커녕 뒤늦게 빛을 발하고 있다. 비대면으로는 결코 모든 것을 해결할 수 없다는 사실이 본격적인 비대면 시대에 들어와 더욱 분명해졌기 때문이다.

인터넷에는 노이즈가 없다. 검색 알고리즘은 우연을 몰아내고, 소셜 미디어는 강한 유대 관계를 더 강하게 만든다. 인공지능 기반 개인 맞춤형 서비스는 취향과 시야를 편협하게 만들고, '좋아요'와 차단으로 이루어진 SNS 타임라인은 정치적 양극화를 부추긴다. 인터넷 속에서 우리가 친구냐 적이냐를 실시간으로 따지는 일에 골몰할 때 세계의 분열과 분단은 더욱더 확고해지고 있다. 한편에서는 인터넷을 통한 글로벌리즘이 가속화하는데, 다른 한편에서는 내셔널리즘과 정체성 정치가 부흥하는 모순된 상황이다.

『관광객의 철학』은 이런 숨 막히는 상황에 작은 틈을 내는 책이다. 20세기 사상가들은 그 틈을

'타자'라고 불렀다. 타자와의 우연한 마주침, 타자에 대한 환대 등은 중요한 개념이자 태도로 각광받았다. 그러나 이 말들이 비록 도덕적으로 옳다고 해도 '타자와 함께하는 데 지쳤다', '정치적 올바름의 태도는 너무 피곤하다'고 불만을 외치는 사람들 앞에서 타자를 무조건 소중히 하라는 윤리적 호소가 얼마나 설득력을 발휘할 수 있을까?

아즈마 히로키는 20세기의 타자론이 한계에 봉착했음을 인정하는 데에서 출발한다. 그가 무색무취한 타자론이 아니라 도발적인 관광객론을 말하는 이유다. 타자를 생각하지 않는 사람들을 무턱대고 비난하기보다는 '그래도 관광은 좋아하지 않습니까?'라고 되묻는다. 이 물음에서 시작해 타자와의 만남을 가능하게 하는 방법인 관광을 사유하고자 하는 것이다.

『약한 연결』이라는 책에서 그가 이미 말했듯 "사람은 관광객이 되면 평소에는 결코 갈 일이 없는 곳에 가고, 평소에는 결코 만날 일이 없는 사람을 만난다."[2] 이 점에서 관광객은 경박하고 무책임하지만, 어쩌면 그런 불성실함이 도리어 타자와 마

2   아즈마 히로키, 안천 옮김, 『약한 연결』(북노마드, 2016), 51쪽.

주치고 타자를 이해하게 되는 우연한 계기가 될 수도 있지 않을까? 아즈마는 바로 여기에 새로운 철학의 가능성이 열려 있다고 말한다. "관광객에서 시작하는 새로운 (타자의) 철학을 구상하는 것, 이것이 이 책의 목적이다."(16쪽)

관광객의 철학이라는 제목이 주는 어딘가 소품과도 같은 첫인상과는 달리, 이 책은 변화구가 아니라 직구에 가깝다. 사유의 스케일도 굉장히 크다. 한편으로는 글로벌리즘과 내셔널리즘의 대립 구도를 넘어서는 대안적인 정치사상을 사유하고, 다른 한편으로는 20세기 인문 사상의 한계를 관광객 개념을 통해 돌파한다는 커다란 야심을 품고 있다. 관광이라는 상업적이고 즉물적인 말과 철학이라는 순수하고 추상적인 말을 그저 접붙이기만 하는 게 아니라 지금껏 우리가 왜 그런 접목을 할 수 없었는지 거꾸로 그 원인을 캐묻는 것이다.

20세기 인문 사상의 적

타자의 철학을 한 발짝 더 진보시키기 위해 관광객이라는 새로운 철학적 개념을 도입하는『관광객의 철학』은 20세기 인문 사상의 본질을 뿌리부터 재검토하는 책이기도 하다. 아즈마가 보기에 "근대 인문 사상은 인간을 깊이 고민하면 할수록 관광객을 깊이 고민할 수 없게 만드는 구조"에 빠져 있기 때문이다.(100쪽) 매년 10억 명이 넘는 사람들이 국경을 넘나드는 관광 여행을 하고 있음에도 인문 사상은 관광의 의미를 긍정적으로 평가하는 데 실패했다는 것이 아즈마의 진단이다. 그렇다면 근대 인문 사상이 고민해 온 인간이란 대체 무엇이었을까?

긴 논의를 간략히 요약해 말하자면, 근대 인문 사상에서 상정하는 인간의 모습은 결국 정치적 인간의 모습, 국가 시민으로서 인간의 모습이다. 19세기 칸트와 헤겔부터 20세기 카를 슈미트, 알렉상드르 코제브, 한나 아렌트에 이르는 사상가들은 모두 (비록 그들이 서로 다른 이데올로기적 지평에 서 있었을지라도) 성숙한 인간을 특정한 정치 공동체(국민 국가)에 속해 있는 공적인 존재로 보았다. 바꿔 말해 공적이고 정치적인 인간이 되지 않으면 인간으로서 성숙할 수 없다는 이야기다.

특히 슈미트, 코제브, 아렌트와 같은 20세기 사상가들은 좌우파의 입장을 막론하고 인간이 경제적 이익만을 추구하고, 현재적 쾌락에 자족하고,

노동과 소비를 왕복할 뿐인 경제적 동물로 전락해 가는 당대의 현실 상황을 정면으로 비판했다. 요컨 대 "20세기의 인문학은 대중 사회의 실현과 동물 적 소비자의 출현을 '인간이 아닌 것'의 도래로 받 아들이고 거부하려" 했던 것이다.(116쪽)

그러나 이런 거부의 입장들이 지구화와 정보 화가 극도로 진행된 21세기에도 여전히 타당하고 유효하다고 말할 수 있을까? 어쩌면 오늘날 인문학 의 영향력이 급속히 쇠퇴한 것은 20세기 인문 사상 의 근간에 있는 인간 개념의 한계 때문은 아닐까? 가족에서 시민으로, 시민에서 국민으로, 그리고 국 민에서 세계 시민으로 상승하는 단선적인 진보 서 사만이 정치의 유일한 회로일까?

아즈마는 관광객이라는 개념을 통해 이와 같 은 근대 인문 사상의 낡은 구도를 뒤집고자 한다. 특정 국가, 특정 정치 공동체에 속해서 그 가치관 을 내면화하는 성숙의 회로가 아닌 또 다른 성숙의 회로를, 다시 말해 "국민(성숙한 어른)으로서의 자 각을 거치지 않은 미성숙한 개인이 곧장 보편과 연 결되는 회로를" 찾고자 하는 것이다.(101쪽) 아즈 마 자신의 말을 귀 기울여 들어 보자.

관광객은 이 물음을 던지기에 적합한 주제다. 관광객은 대중이다. 노동자이자 소비자다. 관광객은 사적인 존재고 공적인 역할을 맡고 있지 않다. 관광객은 익명적 존재며 방문한 곳의 주민과 토론하지 않는다. 방문한 곳의 역사에도 정치에도 관여하지 않는다. 관광객은 단지 돈을 쏠 뿐이다. 그리고 국경을 무시하며 지구상을 넘나든다. 친구도 적도 만들지 않는다. 슈미트, 코제브, 아렌트가 '인간이 아닌 것'으로 간주해 사상 바깥으로 쫓아내려 한 거의 모든 성격을 갖추고 있다. 관광객은 20세기 인문 사상 전체의 적이다. 따라서 관광객을 철저히 사유하면 필연적으로 20세기 사상의 한계를 극복할 수 있다.(117~118쪽)

아즈마의 도발적인 문제의식은 우리에게도 적지 않은 시사점을 준다. 이와 같은 20세기 인문 사상의 논리는 우리 사회에도 당연한 듯 퍼져 있기 때문이다.

예를 들어 한국의 대표적인 인문학자 중 한 명인 도정일은 『시장전체주의와 문명의 야만』에서 "(자본주의) 체제가 요구하는 경쟁논리만으로 생존의 문법을 삼을 것이 아니라 …… 동물적 문명을 인간적 문명으로 전환시키는 작업에 우리 스스로가 선도적으로 나서야 한다."라고 역설했으며,[3] 사회학자 김홍중은 『마음의 사회학』에서 신자유주의적 세계화 이후 정치적 진정성을 잃어버린 "삶의 동물/속물화"를 비판했다.[4] 이런 관점은 지금도 여기저기서 찾아볼 수 있는 일종의 인문적 클리셰로 유통되고 있다. 그러나 지식인과 대중을 가르고 진정성 있는 정치적 인간만을 성숙한 시민으로 간주하려는 인문학자들의 태도는 현실 정치 바깥에 있는 또 다른 공공성과 정치를 보지 못하게 만들고, 끊임없이 친구와 적을 구분하는 근대 인문 사상의 뒤틀린 구조를 반복할 뿐이다.

글로벌리즘 이후의 세계에서 철학=성숙을 생각한다는 것은 어떤 것일까? 이미 문제는 어떻게 성숙할 것인가가 아니라 성숙/미성숙의 경계가 의미 없어진 세계에서 어떻게 살아갈 것인가로 바뀌어 버렸는지도 모른다.[5]

3   도정일, 『시장전체주의와 문명의 야만』(생각의나무, 2008), 95쪽.
4   김홍중, 『마음의 사회학』(문학동네, 2009), 2장.
5   우노 츠네히로, 김현아·주재명 옮김, 『젊은 독자를 위한 서브컬처론 강의록』(워크라이프, 2018), 188쪽 참고.

우리는 수직적 권위가 하나둘씩 무너지고 모든 것이 점점 더 평평해지는 세상에서 살아간다. 더 이상 내면의 서사, 정치적 진정성의 서사, 동물성과 구별되는 인간성의 서사는 지금 세대의 공감을 얻지 못한다. 거기에는 현재성의 리얼리티가 없고 과거의 노스탤지어만이 남아 있을 뿐이기 때문이다.

이층 구조 시대를 넘어서

20세기 인문 사상가들은 아즈마가 비판하듯 결과적으로 "글로벌리즘이 실현하게 될 쾌락과 행복의 유토피아를 거부하기 위해 인문학 전통을 활용하려 했다."(115~116쪽) 이로부터 세계화＝시장화를 악으로 간주하는 기묘한 인문적 관습이 만들어진다.

　　문제는 글로벌리즘에 대항하여 국민 국가의 정치를 옹호하게 되면 결국 모든 논의가 내셔널리즘으로, 성숙한 정치적 인간론으로 회수될 수밖에 없다는 데 있다. 그리하여 한쪽에는 경제적 동물 또는 동물적 소비자를, 다른 한쪽에는 진정성 있는 정치적 인간을 배치시키는 인문학적 분할 작업은 세상의 현실을 있는 그대로 포착하기보다는 이미 진부해져 버린 이분법적 도식을 관습적으로 적용하는 데 그치고 만다. 그 중간에 있는 또 다른 종류의 행위자를 전혀 드러내지 못한 채로 말이다.

이렇듯 오늘날 우리의 상상력은 글로벌리즘과 내셔널리즘이라는 두 질서 원리 사이에 갇혀 있다. 아즈마는 전 세계의 경제는 연결되어 있으나 정치는 분리되어 있는 시대, 욕망은 연결되어 있으나 정체성은 분리되어 있는 시대를 가리켜 '이층 구조 시대'라고 부른다. 다시 말해 글로벌리즘과 내셔널리즘 혹은 개방의 요구와 폐쇄의 요구가 이중 구조로 병존하는 시대라는 것이다. 여기에서 글로벌리즘과 내셔널리즘은 통상적 의미대로 사용되고 있는 동시에 일종의 개념적 이미지로 확장되어 있기도 하다. 열린 것, 개방적인 것, 자유로운 것이 좋다는 자유지상주의적 태도가 글로벌리즘이라는 말에 대응한다면 닫는 것, 오염을 막기 위해 폐쇄하는 것, 책임 있는 통일된 공동체를 지향하는 것이 좋다는 공동체주의적 태도가 내셔널리즘이라는 말에 대응하는 식이다.

과거의 자유주의는 보편적인 정의를 믿었고 타자에 대한 관용을 믿었다. 개인이 국민으로, 국민이 세계 시민으로 진보하는 영원한 평화의 가능성을 믿었다. 그러나 이런 입장은 글로벌리즘과 새로운 내셔널리즘이 본격화되고 모순되게 병존하는 21세기에 들어와 급속히 영향력을 잃고 말았다.

이제 우리에게는 글로벌리즘이냐 내셔널리즘이냐, 동물의 쾌락이냐 공동체의 선이냐, 자유지상주의냐 공동체주의냐 하는 두 가지 선택지만 남겨져 있는 것처럼 보인다. 한편에서는 경제적 이익 추구만이 유일한 가치가 되고 다른 한편에서는 공동체의 도덕 원리에 대한 정치적 집착만이 유일한 가치가 되고 있기에, 그 어디에서도 보편과 타자를 찾을 수 없는 상태가 지속되고 있으며 바로 이것이 우리가 21세기 세계에서 직면한 사상적 곤란함이라고 아즈마는 진단한다.

그렇다면 내셔널리즘으로 혹은 글로벌리즘으로 회수되는 길이 아니라 세계 시민이 되는 또 다른 회로를 어떻게 모색할 수 있을까? 성숙/미성숙의 경계가 사라진 글로벌리즘 이후의 평평한 세계 속에서 어떻게 또 다른 성숙의 길을 찾아낼 수 있을까?

이 질문에 대한 아즈마의 대답이 바로 관광객이다. 『관광객의 철학』은 한 나라의 진정성 있는 정치적 국민으로서가 아니라, 개인이 개인의 욕망에 충실한 채로 공공성이나 보편성과 연결되는 또 하나의 회로를 만들어 내려는 시도라고 할 수 있다. 국민의 정치나 정체성의 정치가 배타주의와 타자 혐오에 갇히지 않도록 정체성을 바깥으로 열어 놓을 수 있는 가능성이 '경박한' 관광객에게는 존재한다. 왜냐하면 경박한 관광객은 진정성 있는 정치적 인간과는 달리 자신의 욕망에 따라 정치적인 것의 고정된 경계를 가볍게 넘나드는 존재이기 때문이다.

그것이 국가적 경계이든 이데올로기적 경계이든 젠더적 경계이든 관광객은 경박한 관심만 있다면 그런 경계쯤은 손쉽게 넘어갈 수 있다. 예컨대 한국과 일본 간의 정치적 관계가 아무리 경색된다고 하더라도 양국의 오타쿠들이 문화 소비로 국가의 경계를 가볍게 넘어서는 일이 끊임없이 일어나는 것처럼 말이다.

이렇듯 철학적 화두인 관광객은 단순히 해외여행을 오가는 사람을 뜻한다기보다는 글로벌리즘과 내셔널리즘, 개방과 폐쇄 사이를 왕래하면서 정치의 가능성을 넓히는 주체성의 철학적 이름에 가깝다. 여기에서 관광이란 편을 가를 수밖에 없는 심각한 정치적 문제의 옆자리를 곁눈질하는 행위다. 즉 누군가를 친구인지 적인지 결정짓기 전에 관광하는 마음으로 그가 살고 있는 현실 속에 들어가서 그 모순되고 다층적인 현실을 몸소 체감하려는 자세를 의미한다. 노이즈 없는 인터넷 세계에서는 쉽게 접할 수 없는, 말로는 전하기 힘든 현실 상황을 직접 체험하고 그런 체험 속에서 더 폭넓은 이해를 시도하는 태도를 가리킨다.

관광객의 관점에서 세계를 접한다는 말은 친구와 적의 차이, 우리의 삶과 그들의 삶의 차이가 단지 우연에서 비롯됨을 인지하는 것이기도 하다. 그래서 아즈마는 "관광객이란 작은 인류학자여야 한다."라고 말한다.(76쪽) 다시 말해 만약 그들이 그 상황에 처하지 않았더라면, 내가 지금과 같은 유리한 위치에 있지 않았더라면, 지금의 세계가 최선의 현실이 아니라면 등과 같은 식으로 만약의 가능성, 우연의 가능성, 다양한 확률의 가능성을 염두에 두는 것이다.

이는 타자와의 소통이 '배달 오류(오배)'를 일으킬 가능성을 자각하는 것이자 바로 그 점에서 타자에게 연민을 품는 것이기도 하다. 그럼으로써 우리는 우리와 그들 사이에 존재하는 어떤 선험적 원리나 배타적인 경계에 머무는 것이 아니라 상상력과 연민의 힘을 통해 타자와의 연대 의식을 만들어 낼 수 있게 된다. 아즈마는 정치적 진정성을 좇다가 내셔널리즘으로 회수되거나 경제적 이익을 좇다가 글로벌리즘으로 회수되고 마는 폐쇄된 회로를 벗어나, 평범한 시민이 관광의 우연한 경험 속에서 오배와 연민을 통해 만들어 내는 새로운 방향의 연대와 공공성에 주목하고 있다.

정정 가능성의 철학

『관광객의 철학』은 글로벌리즘과 내셔널리즘이 세상을 온통 뒤덮고 있는 이 시대에 대안적인 정치사상의 발판은 어디에 있는가를 묻는 책이다. 타자에 대한 관용이 더 이상 무조건적인 진리로 여겨지지 않는 세상에서 어떻게 관용의 태도를 이끌어 낼 수 있을지를 사유한다.

과거의 자유주의에는 타자를 관용하는 원리가 있었지만 지금의 자유지상주의와 공동체주의에는 그런 것이 존재하지 않는다. 아즈마는 관광객의 경험에서 새로운 타자 원리를 발견한다. 그가 내세우는 대안적인 타자 원리 혹은 연대 원리는 바로 오배와 연민이다.

앞서 말했듯 오배와 연민은 어떤 선험적 원리에 바탕을 두지 않는다. 이는 배달 오류로부터 시작하는 연대이기 때문이다. 쉬운 예를 들어 보자. 우리가 개나 고양이 같은 반려동물과 가족을 이룰 때 여기에는 어떤 원리도 근거도 없고 그 어떤 필연도 없다. 누군가는 인간과 상대적으로 가까운 포유류가 아니라 곤충이나 뱀 등과 가족을 이룰 수도 있다. 이처럼 종의 벽을 넘어서서 형성된 가족은 원래라면 유전자를 공유하는 혈연 집단 사이에서 일어나야 할 애정이 오배된 결과다. 연민이 낳는 오배는 종의 벽까지도 초월한다. 그래서 아즈마는 "국민의 확장에는 원리(규칙)가 필요하나 가족의 확장에는 원리가 없다."라고 말한다.(232쪽)

관광객들은 마치 가족처럼 연대한다. 여기에서 아즈마는 관광객의 개념만큼이나 가족의 개념도 재정의하고 있다. 그는 철학자 비트겐슈타인이 말하는 '가족 유사성'의 원리를 빌려와서 가족이라는 말을 단순히 "친밀하고 폐쇄적인 공동체가 아니라, 그 정체성이 새로운 국면에 대한 구체적인 대응 속에서 끊임없이 정정되고 갱신되며 오히려 그 역동성에 의해 지속되는 공동체를 의미하는 것으로 사용하고자 한다."[6] 실제로 가족은 그저 폐쇄적인 공동체에 머무는 것이 아니라 고도의 확장성을 가지고 있다. 문제가 되는 것은 가부장제 가족이나 혈족 중심의 가족처럼 폐쇄성을 지향하는 특정 형태의 가족이지, 가족이라는 범주 그 자체는 폐쇄적이지 않다. 가족 유사성과 애정에 의해서 얼마든지 바깥으로 뻗어 나갈 수 있는 가능성이 가족에는 존재한다. 이 점에서 가족의 철학이란 정정 가능성의 철학이다.

아즈마는 "개인도 국가도 계급도 아닌 제4의 정체성을 발명 혹은 발견"할 필요성을 언급하며 (212쪽) 가족의 철학을 관광객의 철학이 최종적으로 도달하고자 하는 과제로 설정한다. 가족 개념은 재구축을 거쳐서 관광객의 새로운 연대를 표현하는 개념이 된다.

이것은 아즈마가 책의 결론에서 말하듯 "부모가 아이를 접하듯", "가족 유사성에 근거해 신생아를 접할 때처럼 타자와 접해야 한다."라는 이야기다.(317쪽) 다시 말해 우연을 받아들일 자세로 살아

---

6   東浩紀, 「訂正可能性の哲学、あるいは新しい公共性について」,《ゲンロン》12(株式会社ゲンロン, 2021).

가는 것인데, 그렇다고 모든 것을 환대하고 개방하자는 제안은 아니다. 관광객의 자세로, 부모의 자세로, 조금은 들떠 있고 경박한 자세로 우연의 사건에 열려 있자는 말이다. 왜냐하면 "정의는 그저 열려 있는 것에 있지 않고 항상 정정할 수 있는 것에" 있기 때문이다.[7]

관광객은 사업가도 정치인도 아니기에 불성실하고 경박하며 무책임하다. 그러나 때로는 지나친 성실함과 진지함이 오히려 정치의 공간을 폐색시키고 상상력의 가능성을 제한할 수 있다는 것을 우리는 몸소 경험하고 있다. 한국 사회에서 논란이 되는 펜스 룰, 노키즈존, 트랜스젠더 입학 거부 등의 사건들은 문제의 원인이 될 수 있는 약자를 눈앞에서 배제함으로써 동질적인 사회의 안정성을 유지하려는 폐쇄적 태도에서 비롯되었다. 글로벌리즘과 내셔널리즘으로 양분된 세상은 끝없는 자본의 추구와 타협 없는 정체성 주장으로 질식할 것 같은 사회 분위기를 만든다. 이 지점에서 아즈마 히로키의 관광객론은 어떤 자유로움의 공간을 포착한다.

7   위의 글.

아즈마 자신의 입장은 이렇다. "관광객은 목적이 없기 때문에 모순된 현실을 있는 그대로 받아들일 수 있다. 나는 이 가능성 편에 선다."[8] 이 가능성의 공간이 아마도 철학의 공간일 것이다.

관광객의 마음으로
『관광객의 철학』 읽기

대체로 독서 모임, 그것도 철학책 독서 모임이란 그 특성상 결코 성실한 모임이라고는 말하기 어렵다. 가시적이고 측정 가능한 결과를 내기 위해 철학책을 읽고 이야기를 나누는 것은 아니기 때문이다.

오히려 대단한 성과를 얻지 않더라도, 자신의 현실에만 매몰된 태도를 가질 때는 쉽게 만나기 어려웠던 어떤 통찰이나 경험과 조우하려는 쪽에 가깝다. 말하자면 현실에 불성실해지기 위한 독서 모임이라고 할까. 이는 마치 해외로 관광 여행을 떠나 그곳에서 예기치 못했던 장소나 물건을 우연히 마주하는 경험과 비슷하다.

---

8   아즈마 히로키, 안천 옮김, 『느슨하게 철학하기』(북노마드, 2021), 83쪽.

돌이켜 보면 『관광객의 철학』을 쓴 아즈마 히로키 자신의 경험과 삶의 궤적 또한 그러했다. 그가 말하듯 『관광객의 철학』은 진지한 철학책이지만, 그 내용은 아즈마 자신이 안정된 대학 교수 자리를 그만두고 시도했던 수많은 모험적인 일들, 즉 "후쿠시마 관광지화 계획의 실패나, 겐론 카페, 겐론 스쿨, 체르노빌 투어 등의 경험이 없으면 쓸 수 없는 것"이기도 했다.[9]

그는 말로만 관광을 역설하는 것이 아니라 실제로 관광 활동을 여럿 조직해 왔으며, 그 와중에 실패하기도 하고, 또 실패 속에서 교훈을 얻기도 하고, 다시금 새로운 관광 활동을 조직하는 우여곡절의 과정 속에서 마침내 『관광객의 철학』이라는 결론에 도달했다. 그렇다면 이 책은 단순한 사변적 사고의 산물이 아니라 여러 불성실한 경험들에서 유래한 결과물로 보아야 한다.

이 책의 원 제목을 살펴보자. 『겐론 0: 관광객의 철학』이라는 다소 이상한 제목이다. 본래 겐론 회원에게 배포할 계획으로 작성된 책자였다가 이후 확장해 한 권의 단행본으로 출간되었기에 이런

9   東浩紀, 『ゲンロン戦記』(中央公論新社, 2020).

제목이 붙은 것이다. 이 점에서 이 책은 아즈마 히로키 자신이 겐론을 통해 시도해 온 다양한 활동의 철학적 근간이 담겨 있다.

그런데 '겐론'이란 대체 무엇인가? 겐론은 아즈마 히로키가 대표가 되어 설립한 독립 출판사이자 같은 이름의 비평잡지이자 또 같은 이름의 카페와 학원의 이름이고, 인터넷 방송을 하는 사이트의 이름이기도 하다. 겐론은 언론(言論, げんろん)을 일본어로 음독한 것인데, 그는 원고를 써서 출판사에 보내는 수동적인 저자로서의 방식을 답습하기만 한 것이 아니라 다양한 배경의 사람들이 모여 자유롭게 이야기를 나누는 공간을 마련하기 위해 겐론이라는 언론 회사를 차린 것이다. 그에게 겐론 활동은 단순한 부업이 아니라 비평가/철학자로서의 실존적 선택이자, 그 자체로 "비평의 실천, 철학의 실천"이다.[10]

어째서 그는 이런 기묘한 실천을 실행에 옮기게 되었을까? 모든 일이 그렇듯 추후에야 그 이유가 분명해졌지만, 아즈마는 겐론 활동이야말로 철

---

10 아즈마 히로키, 안천 옮김, 『철학의 태도』(북노마드, 2020), 62~63쪽.

학의 기원, 철학적 사유의 원점에 가깝다고 말한다. 소크라테스가 그리스의 광장인 아고라에서 다양한 사람을 만나 술을 마시며 대화를 나누었던 그 철학의 기원을 떠올려보면 된다. 나아가 아즈마는 바로 이 점에서 볼 때 "철학이란 일종의 관광"이라고 말한다. 관광객이 무책임하게 다양한 곳에 가서 호기심에 이끌려 어설픈 지식을 습득하는 것처럼 철학자 또한 전문 지식도 없고 어떤 학문 분과에도 속하지 않은 채 상식 밖의 관점을 던지는 그런 이상한 인물이기 때문이다.[11]

여기에서 우리 편집자들의 이야기와 아즈마 히로키의 이야기를 겹쳐 보자. '편집자를 위한 철학 독서회'의 회원은 총 열 명인데, 고작 열 명의 편집자들이 무려 네 종의 잡지를 만들고 있었다. 인문잡지 《한편》부터 서평지 《교차》, 프랑크푸르트 학파 기관지 《베스텐트 한국판》, 지식교양잡지 《매거진 G》까지. 그런데 이러한 인문잡지들을 기획하고 편집해 출간하는 일이 '성실한' 작업이라고 말하기는 어렵다. 출판사 입장에서 보면 잡지는 큰돈이

---

11 아즈마 히로키, 「기노쿠니야 인문대상 2015 대상 수상 소감」, 紀伊國屋 WEB STORE.

될 수가 없는 상품이기 때문이다. 그런데도 어째서 우리는 잡지를 열심히 내는 걸까? 그리고 어째서 아즈마 히로키는 비평잡지 《겐론》을 만들고 그와 연관된 다양한 활동을 해 나가고 있는 걸까?

그것은 한 사람의 머릿속에서 시작해 어떤 분명한 답변을 제시하는 단행본 작업과 달리, 잡지 작업이란 훨씬 더 다양한 이야기들과 질문들이 오가는 장이기 때문일 것이다. 앞서의 말을 다시 인용하자면, 우리는 현실에 성실해지기 위해서가 아니라 불성실해지기 위해서 잡지를 만들고 읽는다.

잡지란 한 사람의 머릿속에만 있었던 공상을 또 다른 사람의 머릿속에 있었던 공상과 만나게 해 주는 공통의 자리다. 언제나 여러 사람이 함께해야만 가능한 형식이기에 잡지가 출간된 이후에도 예기치 못한 우연들이 가득하다. 『관광객의 철학』이 주는 교훈을 이 지점에서 재발견하는 것이 과도한 추론은 아닐 것이다.

게다가 이런 공상들의 만남은 단지 한여름 밤의 꿈으로 끝나지만은 않는다. 앞서 독서회의 회원 열 명이 잡지를 네 종이나 만들고 있다고 했는데, 그러다 보니 때로는 기획 위원과 필진을 공유하게 되기도 한다. 《한편》에 글을 실은 필자가 《교차》에

서평을 쓰게 되거나 '편집자를 위한 철학 독서회'의 인터뷰가 서평지에 실리기도 하는 것이다. 편집자 맹미선은 《교차》의 인터뷰에서 "연구자이면서 활동가, 활동가이자 편집자인 사람, 편집자이면서 연구자인 사람, 곧 복수의 역할을 해낼 수 있는 사람들이 모여서 만드는 기획이 더 많아져야 한다"라고 말했다.[12] 잡지라는 자리에서 다양한 배경의 사람이 모여 펼친 공상은 현실이 되고, 현실이 된 공상은 또 다른 공상과 또 다른 현실을 불러온다. 이렇게 새로운 출판 신(scene)이 만들어진다.

관광객스러운 앎의 자세가 중요한 건 어째서일까? 유의미하고 성실한 것에만 묶여 있으면 행동의 선택지가 필요 이상으로 좁아져 버리기 때문이다. 예컨대 정치에서 여야의 대립은 너무나 성실하고 유의미하지만, 바로 그렇기에 제3의 가능성을 보지 못하는 결과를 낳고 만다.

무수한 전문가가 각종 미디어에서 명확한 태도로 우리가 겪는 문제들에 대한 정답을 제공해 줄 때, 그런 정답에 의문을 던지는 담론은 쓸모없는

---

12   곽성우 외, 「인터뷰: 타자에 대한 사유, 마주침과 커뮤니케이션」,
       《교차》1호(읻다, 2021), 378쪽.

것처럼 여겨지기도 한다. 그러나 정답은 언제나 하나뿐일까? 서로의 말을 듣지 않고 그저 자기 목소리 내기에 취한 미디어 환경 속에서 우리가 추구하는 정답은 지나치게 한 방향으로 고착되어 버린 건 아닐까?

바로 이러한 의문 속에서 관광이라는 테마가 빛난다. 때로는 당면한 현실에만 매몰되어 버린 관점에서 벗어나 새로운 질문을 던질 수 있는 유연하고 경박한 사고가 필요하다. 인문잡지를 만드는 것, 철학책을 함께 읽는 것, 『관광객의 철학』에서 말하는 것은 모두 이런 정답만을 찾는 풍조에 작은 파문을 일으키는 일이다.

또 다른 예로 문화연구자 김선기는 정치 스타트업 뉴웨이즈나 온라인 매체 닷페이스가 전통적인 좌파 프레임에 얽매인 사람들은 보지 못하는 위치에서 새로운 정치적 실천의 지형을 그리고 있음을 관찰한다.[13] 닷페이스에서 주도한 2020년 온라인 퀴어 퍼레이드에서는 이용자 각자가 자신의 캐릭터 이미지를 생성해 '#우리는없던길도만들지'라

---

13   김선기, 「뉴미디어 환경과 포퓰리즘의 스펙트럼」, 《문화과학》 제108호(2021년 겨울호) 참조.

는 해시태그를 달아 SNS에서 공유할 수 있었다. 이 아이디어는 당시 큰 인기를 누렸다. 이미 앞에서 퀴어문화축제가 현실화된 만남 구역의 사례라고 이야기했지만, 닷페이스는 온라인상에서 그런 관광의 장을 만들어 낸 셈이다.

앞서 논의한 『나와 타자들』의 주제를 다시금 상기해 보자. 누군가를 우리 편으로 만들고 우리의 답을 계몽하려 하기 전에 그들과 우리가 함께 대화를 나눌 수 있는 만남의 장을 마련하는 것이 중요하다. 새로운 답을 또다시 추구하기 전에, 답을 추구하는 일상에서 우리를 조금이나마 자유롭게 해야 한다. 만남 구역이 그러하듯, 관광 여행이 그러하듯, 그리고 철학책 독서 모임이 그러하듯.

3장

21세기의 우리
─『우연성, 아이러니, 연대』(2020)

> "우리는 우리가 있는 장소에서
> 출발해야 한다."[1]

오늘날 모든 정체성은 "다원화를 통해 불완전한 정체성이 되었다."[2] 1장에서 보았듯 뼛속까지 다원화된 개인들이 살아가는 사회, 정체성의 불안정성이 결코 해소될 수 없는 사회, 우리 모두가 공유하는 세계관이 없는 사회, 이것이 21세기 다원화 사회의 현실이다.

다원화를 되돌릴 길은 없다. 그러나 기존 정체성을 적극적으로 방어하고 회복하려는 움직임도 더불어 등장한다. 이졸데 카림이 다원화된 삶의 무대들이 이중화되는 양상을 포착한 것은 아즈마 히

---

1   리처드 로티, 김동식·이유선 옮김, 『우연성, 아이러니, 연대』(사월의책, 2020), 401쪽.

2   이졸데 카림, 이승희 옮김, 『나와 타자들』(민음사, 2019), 68쪽.

로키가 글로벌리즘과 내셔널리즘으로 양분된 이층 구조 시대를 진단한 것과 일맥상통한다. 한편에는 글로벌리즘이 만들어 낸 다원화된 개인들의 사회가 있고, 다른 한편에는 정체성의 감소를 보상받기 위해 더욱더 고착된 정체성에 매달리는 온갖 종류의 정체성 정치가 분출하고 있다.

일찍이 25년 전에 미국 철학자 리처드 로티는 이런 상황을 예견한 바 있다. 2016년 미국 대통령 선거에서 도널드 트럼프가 당선되었을 때 한 권의 철학책이 소셜 미디어에서 화제가 되고 미국 베스트셀러 순위에까지 올랐는데, 그 책이 바로 로티의 선견이 담긴 1998년 저서 『우리 나라를 이루어내기(*Achieving Our Country*)』였다. 이 책에서 로티는 개혁주의 진보 세력이 경제적 세계화의 패배자가 된 백인 남성 유권자들의 불만을 끌어안지 못하면 결국 그들이 우익 포퓰리즘의 지지자가 될 거라고 내다봤다. 우리가 모두 알다시피 이 예측은 정확히 들어맞았다.

책에서 특히 주목받았던 한 대목을 보자. 우리의 현실과도 기묘하게 맞물려 있다.

무엇인가 금이 가기 시작한다. 교외 거주자가 아닌

선거민들은 체제가 잘못되었다고 생각하면서 투표할 강력한 인물(strongman)을 찾으려고 두리번거리며 결심하게 될 것이다. ……

일어날 법한 일 가운데 하나는, 지난 40년 동안 흑인과 갈색 미국인들과 동성애 미국인들이 쌓아올린 소득이 파괴된다는 사실이다. 여성에 대한 농담 섞인 경멸이 유행처럼 되돌아오게 되고, '검둥이'와 '유대놈'과 같은 단어가 또다시 작업장에서 들리게 될 것이다. 강단 좌파들이 학생들에게 용납하지 말라고 가르쳤던 모든 사디즘이 봇물처럼 역류할 것이다.[3]

비록 세부 사항과 해법에서는 다소간 차이가 있지만 이 세 철학자들 곧 이졸데 카림, 아즈마 히로키, 리처드 로티는 다원화 시대의 정치적 삶을 어떻게 꾸려 나갈까 하는 문제에 대해 나름의 답변을 제출했다고 할 수 있다. 그런데 이 문제의식은 로티가 『우리 나라를 이루어내기』보다 10년 전에 낸 저서 『우연성, 아이러니, 연대』에서 먼저 다루었던 것이기도 하다. 전자가 2000년대의 시사 현안

---

3   리처드 로티, 임옥희 옮김, 『미국 만들기』(동문선, 2003), 109~110쪽.

에 가까운 책이라면 후자는 보다 폭넓은 역사적·철학적 시야를 바탕으로 탈이념 시대, 다원화 시대에 필요한 삶의 철학적 원칙을 이야기하는 책이다.

『우연성, 아이러니, 연대』가 베를린 장벽이 무너진 해인 1989년에 출간된 것은 단순한 우연만은 아닐 것이다. 로티는 더 이상 하나의 이념이나 본질로 모든 삶의 방식을 포괄하거나 동질화할 수 없을 때 우리가 경험하게 될 우연하고 아이러니한 삶의 밑그림을 그려 내고자 했다. 30여 년 전의 철학서가 여전히 의미 있는 통찰을 제시해 주는 이유다. 이 철학자는 우리들 각자가 불안정하고 아이러니한 다원적 정체성을 갖고 살아가게 되었을 때 그 사회에서 어떤 방식의 연대가 가능할지를 미리 가늠하고 있었다.

우연한 개인들을 위한 철학

이 세계에 우연히 태어난 "한 인간의 삶이 어떤 모양새를 갖추어 사회 속의 한 주체가 되는지에 관해 고민하는 것이 철학"[4]이라면, 『우연성, 아이러니, 연대』는 정통의 철학책이라고 할 수 있다. 우연한 삶이 사회화되는 과정, 그 사회화가 갖는 역사적 우연성, 그 속에서 만들어지는 자아와 양심과 공동체의 우연성을 폭넓게 이야기한다는 점에서 그렇다. 토머스 쿤의 『과학혁명의 구조』와 마찬가지로 로티는 본질적으로 주어져 있는 인간 본성을 발견하려고 하는 것이 아니라 자연적 본성이라고 여겨지는 것이 어떻게 역사적·사회적으로 만들어지는가에 주목하는 역사주의적 관점에 선다. 로티 자신의 말을 빌리자면 이렇다. "세계는 말하지 않는다. 오직 우리가 말할 뿐이다."(38쪽)

따라서 로티에게 중요한 것은 저 바깥에 혹은 우리 내부에 있다고 여겨지는 영원한 진리나 실재를 찾는 일이 아니다. 그 어떤 종교도 철학도 과학도 그런 궁극적인 기원을 발견할 수는 없다. 오히려 관심의 대상이 되어야 할 것은 우리가 공유하는 역사적 우연성이다. 이것은 만사가 우연의 산물이므로 '어떻게 되어도 좋다'는 식의 무책임한 태도를 주장하기 위한 것이 아니다. 비인간적인 진리나 초시간적인 이념에 집착하는 대신 우리가 서 있는 역사적 토대의 우연성을 자각함으로써 우리 모두의

---

4   안천, 「옮긴이의 말」, 사사키 아타루, 『야전과 영원』(자음과모음, 2015), 909쪽.

인간적인 자유를 사회적 진보의 목표로 삼자는 실용적인 제안이다. 우리가 책임져야 할 것은 서로의 안녕과 자유이지, 이를 이루기 위한 도구에 지나지 않는 진리나 이념이 아니라는 것이다.

그렇다면 우리는 로티가 말하듯 "당신은 우리가 믿고 원하는 것을 믿고 원하는가?"라는 물음과 "당신은 고통받고 있는가?"라는 물음을 구분해 볼 수 있다. 앞의 물음이 세계관에 관한 물음이고 이론적인 물음이라면, 뒤의 물음은 고통에 관한 물음이고 실천적인 물음이다.

플라톤과 칸트를 따르는 많은 철학자들은 인류 보편의 공통된 본성을 이론적으로 인식해야만 합리적이 될 수 있으며 그에 따라 올바른 실천적 행위를 할 수 있다고 보았다. 반면에 로티는 우리가 동일한 본성, 동일한 세계관, 동일한 신념을 공유하지 않더라도 타인의 고통에 공감하고 서로 연대할 수 있다고 말한다. "연대는 그것을 듣게 되면 우리 모두가 깨닫는 원초적 언어의 형태로 이미 기다리고 있는 것을 발견하는 일이 아니라, 사소한 조각들로부터 구성되어야만 하는 일"(203쪽)이기 때문이다.

세계관에 관한 물음과 고통에 관한 물음을 구

분해 낼 수 있는 사람을 로티는 '자유주의 아이러니스트(liberal ironist)'라고 부른다. 『우연성, 아이러니, 연대』는 자유주의 아이러니스트라는 독특한 인물상을 그려 내고 이를 옹호하는 책이라고 말할 수 있다. 여기에서 로티가 정의하는 자유주의자란 타인에게 고통을 주는 "잔인성이야말로 우리가 행하는 가장 나쁜 짓이라고 생각하는 사람"이며, 아이러니스트란 "자신의 가장 핵심적인 신념과 욕망의 우연성을 직시하는 사람"이다.[5]

21세기를 살아가는 우리는 대체로 자유주의자라고 할 수 있을 것이고, 또 일정 정도는 아이러니스트라고도 할 수 있다. 이쯤에 카림이 말했던 3세대 개인주의의 인물상을 떠올려 보자. 카림이 말하듯 "3세대 개인주의는 우연이라는 요소가 심장으로 진입하는 것을 의미한다."[6] 정체성의 다원화 시대를 살아가는 우리에게 자신의 신념과 욕망의 우

---

5   리처드 로티, 『우연성, 아이러니, 연대』, 24~25쪽. 덧붙이자면 자유주의 아이러니스트는 '아이러니한 자유주의자'이며 '자유주의적 성향을 가진 아이러니스트'다. 이렇게 재서술하는 이유는 자유주의자와 아이러니스트의 결합이 결코 필연적이지 않기 때문이다. 이 점에서 『우연성, 아이러니, 연대』는 왜 자유주의자가 아이러니스트가 되어야 하는지, 왜 아이러니스트가 자유주의자여야 하는지를 주장하는 철학책이다.

연성을 직시하는 일은 결코 낯선 일이 아니다. 로티가 제시하는 자유주의 아이러니스트라는 존재가 1989년 당시에는 철학적인 개념에 가까웠다면, 이제 그것은 우리가 직접적으로 체감하는 현실이자 우리 정체성의 일부가 된 셈이다.

그럼 이제 원래의 질문으로 돌아가서 로티가 자유주의 아이러니스트라는 구상을 통해 어떤 연대의 가능성을 그리고 있는지 살펴보자. 앞서 보았듯 로티는 세계관에 관한 물음과 고통에 관한 물음을 구분했다. 모든 사람이 하나의 진리나 이념, 세계관을 공유할 필요는 없다. 단지 서로의 고통과 자유에 대한 충분한 관심이 있다면 그것으로 족하다. 만일 우리가 세계관을 공유하고 이념을 공유해야만 정치적 연대를 할 수 있다고 여긴다면 서로 다른 정치적 신념을 믿는 사람들 사이에서는 그 어떤 연대도 불가능할 것이다. 아즈마 히로키가 『관광객의 철학』에서 말한 것처럼, 정치에는 이쪽이냐 저쪽이냐 하는 진영 논리밖에 없다고 여긴다면 우리는 우리가 소속된 정치적 입장에 영원히 갇혀 버리고 말 것이다.

---

6   이졸데 카림, 『나와 타자들』, 58쪽.

이 점에서 로티가 말하는 '우리'는 우리 모두가 공유하는 세계관은 없다는 사실을 공유하는 우리다. 더 이상 사회가 유사한 존재들을 위한 무대가 아니라면, 카림이 말하듯 "'긍정적인 함께가 아닌 오히려 부정적인 함께에 본질이 있는 새로운 방식의 전체'로 사회를 완전히 새롭게" 생각해야 한다.[7] 실제로 우리는 각자의 이념이나 신념, 세계관이나 성적 지향이 다르다는 것이 더 이상 정치적 연대를 창출하는 데 문제가 되지 않으며, 중요한 것은 누구나 자신이 생각하는 바를 말할 수 있는 자율적 공간을 확보하는 일, 그리고 사람이 다른 사람에 의해 굴욕당하지 않도록 각자의 자유를 지켜 내는 일임을 점차 깨닫고 있다. 그리하여 로티는 "진리가 너희를 자유롭게 하리라."라는 전통 철학의 표어를 다음과 같이 뒤집는다. "우리가 자유를 돌본다면, 진리는 스스로를 돌볼 수 있을 것이다."(359쪽)

이렇듯 『우연성, 아이러니, 연대』는 우연한 개인들의 사회를 위한 철학이다. 한마디로 말해, 우리는 우연한 존재다. 우리의 언어도 자아도 양심도 공동체도 발견되어야 할 본질 같은 것은 없다. 우

---

7   앞의 책, 290쪽.

리는 철저히 역사적인 산물이며 스스로를 만들어 가야 할 아이러니한 존재다. 독특하고 특이한 개인들의 사회에서 전통 철학이 추구해 왔던 보편적인 진리는 더 이상 연대의 근거가 될 수 없다. 오늘날 인간의 연대는 공통의 진리보다는 오히려 각자의 세계가 파괴되지 않을 거라는 이기적인 희망을 공유하는 데 달려 있다.

우리는 누구일까?

여기에서 이런 질문을 던져 보자. 이와 같은 일반적인 철학적 문제가 지금 여기의 정치적 현실과 대체 무슨 상관이 있단 말인가?

정치철학자 낸시 프레이저는 과거에 당연시되었던 보편적 정의의 규범성이 흔들리는 오늘날의 정치 상황을 가리켜 "비정상적 정의의 시대"라고 불렀다.[8] 무엇이 정의로운지에 대한 기본 가정을 공유했던 '정상적 정의'의 시대를 벗어나 정의의 내용이나 당사자, 방법 모두가 논란이 되는 '비정상

---

8   낸시 프레이저, 김원식 옮김, 「비정상적 정의」, 『지구화 시대의 정의』(그린비, 2010), 89~134쪽 참고.

적 정의'의 시대에 들어섰다는 진단이다.

프레이저가 밝히듯 이러한 진단은 로티가 토머스 쿤의 개념을 변주해 제시한 정상적 담론과 비정상적 담론의 구분에서 유래한 것이다. 비정상적 정의의 문제가 대두되는 근본적 이유는 심지어 정의라는 것도 보편적 진리나 인간 본성에 토대를 두는 것이 아니라, 시대와 세대의 변화에 따라 끊임없이 논쟁되고 수정되며 다시 쓰이는 것이기 때문이다. 정의로움의 의미는 역사적 우연성에서 자유롭지 않다. 우연성과 아이러니에 대한 로티의 철학적 성찰에서 여전히 배울 것이 남아 있는 이유다.

이 문제를 페미니즘이라는 어휘와 관련된 현재 진행 중인 정치적 논쟁 속에서 구체적으로 살펴보자. 우리는 페미니즘이라는 이름이 모든 사람들이 옳다고 생각하는 보편적 도덕성의 이름이 아니라 그 어휘의 가치와 당사자, 방법 등이 그 자체로 논쟁의 대상이 되는 기묘한 시대에 살고 있다. 지성사 연구자 이우창이 지적하듯 "586세대와 현재 청년세대가 떠올리는 '페미니즘'은 사실상 다른 관념이다."[9] 페미니즘이라는 어휘는 청년 세대 사이에서도 남녀에 따라, 정치적 입장에 따라 전혀 다른 정치적 함의를 갖는다. 어떤 진영에서 페미니즘은 새로운 시대의 당사자 정치를 대표하는 '마지막 어휘'이자 궁극적 어휘인 반면, 반대 진영에서 페미니즘은 오히려 성별 갈등을 조장하는 어휘로 공격해야 할 대상이라고 여겨진다. 프레이저가 말하는 비정상적 정의의 시대가 눈앞에 펼쳐지고 있는 셈이다. "논쟁들이 발생하자마자 그것들은 누구를 고려하고 무엇을 문제 삼을 것인가 하는 문제들과 관련된 핵심적 가정들을 다루는 메타-논쟁들로 전이된다. 내용의 문제뿐 아니라 정의의 문법 자체를 누구나 문제 삼게 되는 것이다."[10]

이런 불확실한 상황 속에서 우리는 어떤 정치적 어휘를 택해야 할까? 우리는 어느 편에 서야 할까? 아니, 애초에 우리가 '우리'라는 것은 누구에게나 명확한 사실일까?

우리라는 말의 21세기적 용법은 혼란스럽기 짝이 없다. 예컨대 문학평론가 신형철은 이렇게 쓰고 있다. "촛불혁명 전후로, 강남역 살인사건과 '미투' 운동과 안희정 재판 등을 겪으면서, '우리'라는 이상은 "거대하고도 괴로운 착각"임이 드러났다.

---

9   이우창, 「"20대 남자 문제"」, 《한편》 1호 '세대' (민음사, 2020), 91쪽.
10   낸시 프레이저, 앞의 글, 93쪽.

이제 함부로 '우리'를 말하는 것은 태만이거나 위선이 되었다."[11] 그가 부지불식간에 우리의 범위를 국민국가의 우리와 연결하고 있는 한편, 오늘날 수많은 페미니스트 여성들은 자부심을 가지고 연대하기 위해 보다 작은 우리의 용법('우리 여성들')을 사용하고 있다. 이런 용법은 안티페미니즘 신념을 공유하는 이른바 20대 남성들('우리 군필자들') 사이에서도 일반적이다. 우리의 범위와 그 당사자성을 둘러싸고 명백한 불일치가 있는 셈이다. '우리'는 '그들'과 대조될 때 가장 큰 도덕적·정치적 힘을 갖는다는 점에서 이는 단순한 위선이나 태만이 아니라 오히려 의도된 전략에 가깝다. 문제는 우리와 그들의 대조가 선과 악이나 물과 기름처럼 결코 섞일 수 없는 이항 대립으로, 나아가 전쟁으로 치달을 때 발생한다.

『우연성, 아이러니, 연대』의 마지막 장에서는 우리의 연대를 만드는 두 가지 방식을 구별한다. 그것은 "'인간성 자체'와 동일시된 것으로서의 인간적 연대와, 지난 수세기에 걸쳐 민주주의 국가에

---

11   신형철, 「시적 시민성의 범주론」, 《창작과비평》 제191호(창비, 2021).

사는 사람들에게 차츰 고취되어 온 자기의심으로
서의 인간적 연대"의 구별이다.(402쪽)

변치 않는 인간 본성이 있고 이를 공유하는 우
리만이 연대에 참여할 자격이 있다고 생각하는 사
람들이 한편에 있다면, 다른 한편에는 온당한 인간
이라는 규정이 역사적 우연성에서 자유롭지 않다
고 여기며 우리의 범위를 한층 더 넓히기 위해 노
력하는 사람들이 있다. 로티는 보편적 도덕성이라
는 가상의 진리를 가정하지 않더라도 이전에는 그
들이라고 생각했던 사람들에게 우리라는 느낌을
점차 확장하는 것이 가능하다고 말한다. 연대는 이
미 기다리고 있는 어떤 것을 철학적 반성에 의해 발
견하는 일이 아니라(따라서 '진짜' 연대는 없다), 낯선
사람들을 우리와 같은 사람들로 여기는 상상적 동
일시를 통해 우리를 재창조하는 일이기 때문이다.

이렇듯 로티는 독특한 연대 개념을 통해서 우
리라는 말의 새로운 용법을 확립한다. 아즈마 히로
키가 간명하게 말하듯 "'우리'라는 존재를 가장 의
심하고 있는 자가 로티인 것이다."[12] 타인의 고통

---

12 아즈마 히로키, 안천 옮김, 『일반의지 2.0』(현실문화연구, 2012),
    217쪽.

과 모욕에 대한 우리 자신의 감수성을 의심하고, 현재의 사회 제도가 그들의 고통과 모욕을 다루기에 적합한지를 고민하는 우리가 도덕적·정치적 진보를 가능케 한다. 낯선 사람들, 심지어 우리의 적으로 간주되는 그들을 고통받는 동료들로 보기 위해서는 상상력과 접촉이 필요하다. 이것이 이졸데카림이 만남 구역을 통해서, 그리고 아즈마 히로키가 관광객을 통해서 말하고자 했던 바이며, 로티가 자유주의 아이러니스트라는 인물상을 통해서 말하고자 했던 바일 것이다.

결국 우리는 우리가 있는 곳에서 출발할 수밖에 없다. 우리의 시야는 유한하고, 우리의 도덕적 관심사는 한정되어 있으며, 우리의 정치적 상상력은 언제나 협소하기만 하다. 그러나 자신이 갖고 있는 유한한 정체성을 부정하고 온전히 중립적이고 보편적인 시점에 설 수 있는 사람은 존재하지 않는다.

지금 우리 각자가 서 있는 곳은 출발점이지 목적지는 아니다. 우리들 각자가 서로 다른 곳에서 서로 다른 속도로 출발할지라도 우리가 도달해야 할 곳은 동일할 수 있다. 이것이 로티가 우리에게 가르쳐 준 '우리'의 21세기적 용법이 아닐까. 추적

단 불꽃이 말하듯 "살아온 환경, 살아온 방법, 살아온 시간이 달라도, 우리를 '우리'라고 부를 때 연대는 시작"되는 것이다.[13]

우연한 연대 속에서
『우연성, 아이러니, 연대』 읽기

번역 출판이 재미있는 이유 중 하나는 전혀 의도하지도 예측하지도 못했던 만남이 우연히 발생하곤 한다는 것이다. 1989년에 나온 리처드 로티의 『우연성, 아이러니, 연대』와 2017년에 나온 아즈마 히로키의 『관광객의 철학』이 2020년 8월 10일 한국에서 신간으로 동시 출간될 거라고 누가 상상이나 했겠는가. 『우연성, 아이러니, 연대』를 편집한 나조차도 알지 못했다.

　게다가 이졸데 카림의 『나와 타자들』과 이 두 권의 책을 연결할 생각을 한 것도 '편집자를 위한 철학 독서회'를 통한 우연한 만남 덕택이었다. 이 책의 1부는 바로 이 우연한 연대 속에서 읽어낼 수 있는 시대정신을 한번 따라가 보려 한 시도인 셈이

13　추적단 불꽃, 『우리가 우리를 우리라고 부를 때』(이봄, 2020), 8쪽.

다. 다른 곳에서는 어쩌면 존재하지 않을지도 모를 이 기묘한 만남의 장을 끝까지 이어가 보는 것이 지금 우리에게 필요한 철학의 의미일 테니까 말이다.

철학책 독서 모임에서 『우연성, 아이러니, 연대』를 다른 편집자 동료들과 같이 읽었을 때, 나는 이 책의 재출간을 기획하고 편집한 사람으로서 지금 시대의 편집자-독자들이 어떤 이야기를 들려줄지 마음을 졸이며 귀 기울였다. 참여자들의 의견은 일치하는 부분도 있었고 갈라지는 부분도 있었다. 예를 들어 철학과 문학을 결합하고 기존 철학과는 달리 우연한 연대의 정치를 이야기하는 점이 신선하다는 견해도 있었지만 다소 순진해 보이는 자유주의적 태도, 여러 문학적 사례를 자기 입맛에 맞게 가공하는 해석 등에서 시대적 한계를 엿볼 수 있다는 의견도 있었다. 참여자 모두가 동의한 것은 로티의 독특한 철학적 시각이 지금 시대의 모습과 너무나 잘 부합한다는 사실이었다.

각자의 아이러니한 삶을 자유롭게 펼칠 수 있는 공간을 점차 늘려 가는 것이 사회의 도덕적 진보이며, 이런 진보는 보편적 철학이나 초월적 힘을 지닌 이론을 통해서가 아니라 타인의 삶과 고통을 세밀히 포착하는 서사와 이야기를 통해 가능하다는 로티의 생각은 오늘날 자기 서사를 담은 에세이와 논픽션이 도처에서 유행하는 현상을 오래전에 예고하고 있었다. 『일간 이슬아 수필집』과 '아무튼 시리즈' 같은 에세이들이 각자의 삶에 새겨져 있는 애착과 집착, 아이러니를 자유롭게 이야기할 수 있는 공간을 열어 준다면, 독서 모임에서 신새벽 편집자가 말했듯『길 하나 건너면 벼랑 끝: 성매매라는 착취와 폭력에서 살아남은 한 여성의 용감한 기록』 같은 회고록은 고통받는 사람을 연민하게 하는 강렬한 경험을 선사함으로써 여성들이 겪는 현실을 이해하게 도와주는 것이다.

애초에 내가 이 책을 재출간하려 한 것도 이 책이 현대의 고전이라거나 꼭 출간해야 하는 책이라고 생각해서가 아니라, 지금의 시대 상황과 맞아떨어진다는 느낌을 받았기 때문이었다. 2017년에 이 책의 공역자에게 재출간을 요청하면서 나는 이런 내용의 메일을 썼다.

이유선 선생님께,

오늘 이렇게 연락을 드린 것은 다름 아니라, 오래전에 한번 말씀드렸던 '리처드 로티 기획'을 다시금 요청드리고 싶어서입니다. 처음 그 기획을 말씀드린

이후로 5년이란 세월이 지났는데, 지금 시점에서는 리처드 로티의 사상이 우리에게 정말 필요해졌다는 생각이 더욱 들게 됩니다.

최근 청년들 사이에서 '사적인 삶', '개인적인 삶', '공적인 것에서 물러난 삶'에 대한 욕구들이 더욱 커지고 있는 것을 느끼면서도 동시에 '연대'와 새로운 '연결'을 추구하는 모습들 역시 눈에 띄게 늘어나고 있습니다. 아마도 예전과 같은 식의 관념, 즉 역사와 자아를, 공적 삶과 자아를 통일시키려는 관념이 더 이상 힘을 발휘하지 못하고 사적 자아 창조와 이질적인 연대가 더 부각되기 때문일 것입니다. 아쉽게도 일찍이 그러한 사상을 제시했던 리처드 로티의 주요 저서들은 지금 국내 서점에서는 구할 수 없는 형편입니다. 불행히도 그 사정은 5년 전과 지금이 다르지 않습니다.

그래서 제 생각에는 지금 시점이야말로 로티의 사상이 다시금 음미되어야 하는 때가 아닌가 생각하게 됩니다. 특히 그중에서 아마도 가장 시의적절한 책은 『우연성, 아이러니, 연대』일 것 같습니다.

이 메일에서는 주로 우리 시대의 자유주의 아이러니스트를 옹호하는 차원에서 로티 철학의 가

능성을 부각했지만, 책의 1부에 걸쳐 이야기하고자
한 것은 우리의 우연성과 연대에 깊이 천착하는 로
티의 정치사상이 가지는 또 다른 측면이다.

오늘과 같이 곳곳에서 부족주의가 만연하고
동시에 민주파의 진보적 권위주의가 문제시될 때,
우리의 우연성을 강조하는 것은 큰 의미가 있다.
로티는 무조건 옳은 방향성이 있다거나 항상 열린
태도가 필요하다는 식으로 정치와 윤리를 말하지
않는다. 그런 이념주의와 이상주의는 현실 속에서
관철되기보다는 오히려 잘못된 환상을 불러와 현
실과의 대면을 왜곡하기 쉽다. 오히려 로티는 우리
에서 출발하면서도 우리의 올바름을 의심하는 지
극히 현실주의적인 연대를 말한다.

우리는 모두 우연히 어느 시대의 어느 지역에
서 태어나 우연히 어떤 전통을 계승하면서 살고 있
다. 로티가 말하는 자유주의 아이러니스트란 우리
가 지닌 신념과 욕망의 이와 같은 우연성을 직시
하는 사람이다. 우리의 우연한 출생과 삶의 유한한
궤적은 우리가 가질 수 있는 공감의 범위를 어쩔
수 없이 제약한다. 그런 제약됨과 고착됨의 사실에
만 주목하면 연대에 대한 희망은 없다. 하지만 그
런 제약은 그 자체가 우연의 산물이기 때문에, 반

대로 얼마든지 고쳐 쓰고 확장할 수도 있다.

이렇듯 우연성의 제약을 넘어서 아이러니에 의한 변화의 가능성을 보면 연대에 대한 새로운 희망이 생긴다. 아즈마 히로키가 요약하듯 "로티가 제시하는 새로운 연대 혹은 공공성의 비전은, 이러한 양의성 위에 성립하고 있다."[14] 이는 우리에 속하면서도 자기 의심을 통해 바깥에 열려 있는 태도이자 바깥에 열려 있으면서도 모든 것이 그 나름대로 옳다는 식의 상대주의에는 빠지지 않는 태도다. 그런데 어째서 로티는 이런 유연한 연대의 이론을 제시할 수 있었을까?

철학자로서 리처드 로티는 보편성을 추구하는 이론가라기보다는 이론과 현실의 어긋남에 민감한 비평가에 가까운 사람이었다. 로티는 포스트모더니즘 이론이 유행하던 시기에 데리다나 푸코 같은 철학자들에게서 많은 이론적 영향을 받았지만, 그 이론들이 프랑스에서 갖는 비평적 역할과 미국에서 갖는 정치적 역할을 혼동한 적은 없었다. 실제로 로티가 자신의 저작 곳곳에서 푸코나 데리다를

---

14   東浩紀, 「訂正可能性の哲学、あるいは新しい公共性について」, 《ゲンロン》12(株式会社ゲンロン, 2021).

비판할 때, 그는 어디까지나 그런 이론들이 미국에서 갖는 정치적 효과를 문제 삼는다.

이 점에서 그가 『우연성, 아이러니, 연대』 전후로 계속해서 사유하고자 했던 것은 "이론과 실천 사이의 거리, 사유와 존재 사이의 거리에 대한 비판적 의식"이다.[15] 그에게는 그런 거리 감각과 비판적 의식을 가능하게 하는 것이 바로 실용주의였으며, 그것의 다른 이름은 한때는 문예비평이었고 또 한때는 문화정치였다. 그래서 그는 초년에는 『실용주의의 결과』(1982)라는 제목의 철학 논문집을, 말년에는 『문화정치로서의 철학』(2007)이라는 제목의 철학 논문집을 출간하기도 했다. 한국에서도 한때 《창작과비평》이나 《문학과 사회》 같은 문예지에서는 문예비평이, 각종 문화연구 집단에서는 문화정치가 당대의 현실에 개입하는 비평적 시도를 지칭하는 이름으로 활용되었다.

돌이켜 보면 소크라테스와 플라톤 이래로 철학은 당대의 지배적 철학에 대한 비평으로서 탄생했다. 철학과 철학사가 다른 그 어떤 학문과도 달

---

15   가라타니 고진, 박유하 옮김, 『일본근대문학의 기원』(도서출판
      b, 2010), 10쪽.

리 그처럼 다양한 사조들과 조류들로 분열되어 있는 까닭은 그것이 서로 일치될 수 없는 시대와 위치에서 탄생한 비평의 모음집이기 때문이다. 철학 혹은 비평에서 중요한 것은 말 자체의 의미를 맥락 없이 되뇌는 것이 아니라 그 비평성을 자신의 자리에서 자신의 관점으로 반복하는 데 있다. 무엇이 진부하고 무엇이 신선한지는 이론이나 실천이 대신해서 판단해 주는 것이 아니라 비평하는 사람 자신이 스스로의 자리에서 판단해야 하는 것이기 때문이다.

로티는 바로 그런 의미에서 철학자이자 비평가였다. 그 어떤 철학도 비평도 주관을 경유할 수밖에 없다면, 그것은 바로 주관적 위치, 맥락화된 자리에서만 또 다른 비평성이 발생하기 때문이다. 그렇다면 우리의 유한성과 우연성이란 그저 철학과 진리의 한계에 불과한 것이 아니라 오히려 비평으로서의 철학이 성립하기 위한 기본 조건인 셈이다. 요컨대 로티가 말하는 철학이란 자기 자리에서 시작하는 것이며 그와 동시에 내가 서 있는 그 자리를 의심하는 것이다. 우리가 공유하는 우연성을 깊이 숙고할 때, 그리고 그 우연성과 아이러니한 관계를 맺을 때, 나아가 그럼에도 불구하고 가능한 연대의 차원을 실천적으로 탐색할 때 비로소 우리의 철학은 가능할 것이다.

2부

느긋하게
이어 가는 대화

"대화는 언어 게임을 공유하지 않는
사람들 사이에서만 존재한다."
― 가라타니 고진

4장

이 모든 것의 기원

—『낭만주의의 뿌리』(2021)

"행복하고 의기양양한 날들은
지나갔다."[1]

낭만이라는 말을 들으면 무엇이 떠오르는가? 「낭
만 고양이」라는 노래방 순위권 노래도 있고, 친구
에게 '너는 너무 낭만적이야!'라고 말할 때도 있다.
'낭만적인 분위기' '최후의 낭만주의자' 등등 여러
상황에서 쓰이지만 막상 들여다보면 의미가 분명
하지 않다.

　　학문적 용어로 낭만주의 또한 지극히 모호하
고 다양한 의미를 담고 있는 것으로 여겨진다. 낭만
주의가 지닌 의미의 다양성은 그것이 계몽 이후의
사상이라는 사실과 무관하지 않다. 온갖 신앙과 미

1　　프레더릭 바이저, 이신철 옮김, 『이성의 운명』(도서출판b,
　　2018), 30쪽.

신을 보편타당한 이성의 힘으로 타파하고자 한 것이 계몽주의의 이상이었다면, 계몽 이후의 사상은 바로 이 이성의 보편타당성에 대한 확신에 도전한다. 보편타당성 혹은 정상성이 힘을 잃게 되면 곳곳에서 온갖 종류의 목소리들이 분출할 수밖에 없다. 어쩌면 이 제어할 수 없는 다양성의 분출에 붙여진 최초의 이름이 낭만주의였다고 볼 수도 있겠다.

지금 우리가 낭만주의라는 낡은 사조를 재평가하고 다시 들여다보아야 할 이유를 묻는다면 나는 지금 우리가 사는 세계 역시 계몽 이후의 세계이기 때문이라고 답하고 싶다. 오늘날의 세계는 포스트모던의 세계, 탈진실의 세계 혹은 민주화 이후의 세계로 불린다. 이것은 근대성, 진실, 민주화라는 이상이 더 이상 이전과 같은 방식으로 당연시되지 않는다는 뜻이다. 게다가 『나와 타자들』에서 지적했듯 우리는 동질 사회가 아니라 다원화된 사회에 살고 있다. 이곳은 서로 다른 인종들, 민족들, 세대들, 성별들, 장애인들, LGBT들이 저마다의 목소리를 내는 정체성 정치의 장소다.

결국 이 모든 것의 기원을 거슬러 올라가면 낭만주의라는 뿌리를 발견할 수 있다. 이 점에서 낭만주의는 우리를 우리 자신의 과거로 이끄는 일종의 무의식에 가깝다. 철학자 필립 라쿠라바르트와 장뤽 낭시는 말한다. "우리들이 말하는 '현대성'의 거의 모든 중요한 주제들 속에서 확인할 수 있듯, 바로 오늘날에 진정한 의미의 낭만주의적 무의식이 있다."[2]

이 말은 낭만주의 운동이 다시 필요하다는 뜻도 아니고 낭만주의의 현재적 의미를 되새기자는 뜻도 아니다. 반대로 우리가 여전히 낭만주의가 열어 놓은 시대에 속해 있으며, 원하든 원치 않든 낭만주의적 태도는 반복해서 회귀한다는 뜻이다. 따라서 우리는 역사 속 낭만주의 운동이 무엇이었고 그 영속적인 영향이 어떠한지를 정확히 이해하고 평가해 볼 필요가 있다. 그럼으로써 우리의 현재를 다른 시각으로 바라볼 수 있고 다른 미래의 가능성 또한 모색해 볼 수 있을 것이다.

낭만주의의 뿌리를 찾아서

인간사의 역설 중 하나는 가장 행복하고 낙관적인

시대 바로 뒤에 위기와 환멸의 시대가 찾아온다는 점이다. 프랑스 혁명에 대한 희망찬 열정이 왕정복고에 대한 체념 어린 지지로 변질되고, 벨 에포크의 화려한 시절이 최악의 세계대전 발발로 귀결되는 예기치 못한 유럽사의 전개가 이 점을 잘 보여 준다. 가장 높은 곳에 있을 때가 어쩌면 가장 위험한 시기인지도 모른다.

낭만주의는 17~18세기 유럽의 가장 지배적인 사상이었던 계몽주의가 가장 높은 곳에 이르렀을 때 등장한 계몽 이후의 운동이다. '이후'라는 말에는 다양한 의미가 담길 수 있는데, 특히 낭만주의라는 말에는 그동안 정말 가지각색의 의미가 담겼다.

낭만주의를 어떻게 규정할 것인가는 학술적인 논의에 그치는 것이 아니라 정치적으로 대단히 중요한 관건이 되기도 했다. 서로 모순되고 양립할 수 없는 반대말들이 낭만주의자의 정치적 태도를 규정하기 위해 사용되었기 때문이다. "그것은 힘이면서 나약함이며, 개인주의이면서 집단주의이고, 순수이자 타락이고, 혁명이면서 반동이며, 평화이자 전쟁이며, 삶에 대한 사랑이면서 죽음에 대한 사랑이다."(62쪽) 대체 낭만주의에는 어떤 수수께끼가 숨어 있는 것일까?

20세기 초에 태어나 세계대전 이후 왕성한 활동을 펼친 영국의 철학자이자 저명한 지성사가 이사야 벌린은 워싱턴 디시에 있는 국립미술관에서 1965년 3월과 4월에 앤드루 W. 멜론 예술 강연을 진행한다. 낭만주의의 수수께끼를 풀어낸 이 기념비적인 강연은 당시 큰 호응을 얻으며 BBC 라디오를 통해 전 세계 수많은 청중들에게 전달된다. 그러나 정작 책은 그로부터 34년 뒤인 1999년에 『낭만주의의 뿌리』라는 제목으로 출간되었다. 벌린이 세상을 떠나고 2년 뒤의 일이었다. 이는 벌린이 생애 말년에 이를 때까지 '제대로 된' 책을 쓰겠노라 희망했을 뿐 아니라 원고도 없이 진행한 강연 녹취록을 그대로 출간한다는 것이 허영에 찬 행위라고 믿었던 탓이다. 그럼에도 책을 읽어 보면 "무원고 강연의 예술적 경지를 보여 준 역작"이라는 편집자의 평가가 결코 허황된 것이 아님을 느낄 수 있다.[3]

『낭만주의의 뿌리』는 지성사가 이사야 벌린의 학문적 역량과 대중적 전달력이 어김없이 표현된

---

3   이상의 내용은 이사야 벌린, 『낭만주의의 뿌리』에 실려 있는 편집자 서문을 참조했다.

역작이다. 하지만 그가 낭만주의에 대해 이야기한 것은 여기가 처음이 아니다. 벌린은 이미 1952년에 『낭만주의 시대의 정치사상』이라는 제목의 강연을 하면서 후일 더욱 체계적으로 정립될 기본 이미지를 갖고 있었으며 이후에도 지속적으로 같은 주제를 다루어 왔다.[4]

20세기라는 '극단의 시대'를 살았던 벌린은 두 차례의 세계대전, 공산주의, 전체주의, 냉전, 민족주의 등의 기원이 어디에 있는가 하는 의문의 답을 근대 사상사 속에서 찾았고, 18~19세기 계몽주의와 낭만주의의 갈등에서 그 뿌리를 발견하고자 했다. 이렇듯 근대의 사상적 갈등과 현대의 정치적 갈등을 연결하는 것은 그의 지성사 연구에서 가장 중요한 동기이며, 『낭만주의의 뿌리』는 그런 연구 작업 속에서 탄생한 결실 중 하나다. 강연을 시작할 때부터 벌린은 자신의 논쟁적인 관점을 뚜렷하

---

[4]   Isaiah Berlin, *Political Ideas in the Romantic Age: Their Rise and Influence on Modern Thought*(Princeton University Press, 2014) 참조. 이 책에는 벌린의 지성사 연구 궤적에 대한 해설이 함께 실려 있어 그의 정치사상적 변화 과정을 살펴보는 데 도움이 된다. Joshua L. Cherniss, "Isaiah Berlin's Political Ideas: From the Twentieth Century to the Romantic Age," Ibid., pp.xliii~xcii.

게 표명하고 있다.

> 낭만주의의 중요성은 그것이 서구 세계의 삶과 사
> 유를 변모시킨 가장 거대한 최근의 운동이라는 점
> 에 있다. 내게는 서구에서 가장 큰 의식의 전환이
> 일어난 단일한 사례로 보이며, 이에 비해 19세기와
> 20세기 동안 발생한 다른 모든 전환들은 상대적으
> 로 덜 중요하고 그래 봤자 이 운동의 영향을 깊게
> 받은 것들로 보인다.(35쪽)

처음부터 그가 분명히 하듯 낭만주의는 그저
특정 시기에 국한된 예술 사조에 불과한 것이 아니
다. 낭만주의 운동은 서구 세계의 삶과 사유를 이
루는 "지배적 모형"에 심대한 균열을 일으켰으며
그 균열은 오늘날까지도 지속되고 있다. 벌린이 덧
붙이듯 "낭만주의의 위대한 성취는 인간사 대부분
의 다른 위대한 운동과 달리 우리의 특정 가치들을
매우 심원한 수준에서 변모시키는 데 성공했다는
것이다."(250쪽) 그렇다면 그 전까지 서구 세계의
사상적 전통을 지배해 온 특정 가치들이란 대체 어
떤 것이었을까? 낭만주의는 그런 가치들에 대해서
어떤 거대한 변화를 일으킨 것일까?

훈계하는 조랑말과
분노하는 호랑이

18세기 영국 낭만주의 시인 윌리엄 블레이크는 "분노하는 호랑이가 훈계하는 조랑말보다 훨씬 지혜롭다."라는 유명한 격언을 남겼다.[5] 이 격언은 그가 프랑스 혁명이 일어나던 시기에 집필한 시집 『천국과 지옥의 결혼』에 등장한다. 훈계하는 조랑말을 기존의 관습에 얽매여 있는 인습주의자로, 분노하는 호랑이를 기존의 관습에 순응하기를 거부하는 낭만주의 시인 자신으로 해석한다고 해도 크게 무리는 아닐 것이다. 그리고 이 구분은 앞으로 소개할 이사야 벌린의 사상사적 구분에도 대체로 잘 들어맞는다.

제2장「계몽주의에 대한 최초의 공격」에서 벌린은 서구 전통 전체가 의지해 온 세 개의 버팀목을 거론한다. 이는 당대 지배적 사상이었던 계몽주의만이 아니라 서양의 합리주의 전통에서 일반적으로 상정하고 있는 가치다. 첫째, 모든 진정한 질

---

5   William Blake, "The Proverbs of Hell," *The Marriage of Heaven and Hell*(1790~1793).

문에는 해답이 있다. 둘째, 해답을 찾을 수 있는 방법이 있다. 셋째, 모든 해답은 양립 가능해야 한다. 계몽주의자들은 전통적인 신앙이나 계시가 아니라 오직 합리적 이성의 올바른 사용(수학적 연역이나 자연과학적 귀납)을 통해서만 그 해답을 찾을 수 있다고 보았다는 점에서 기존의 관습과는 다른 방법을 제시했지만, 어쨌거나 인생과 자연에 정해진 해답이 있다고 보았다는 점에서는 기존의 시각과 다를 바가 없었다. 요컨대 이 점에서 계몽주의자는 훈계하는 조랑말에 가까웠다.

계몽주의 사상은 자연이나 인간과 관련된 문제의 해답을 자연적 본성에서 찾을 수 있다고 가정했다. 데카르트와 뉴턴의 기계론적 세계관, 로크의 자연법사상 등이 그 대표적인 예다.

긍정적인 면에서 계몽주의적 합리주의는 종교의 권위에 공격을 가했고, 국가의 압제에 맞서 인간의 자연권을 옹호했으며, 이성에 대한 강한 신뢰를 갖고 있었다. 그러나 심각한 결함 역시 있었는데, 서로 다른 나라와 지역에 사는 사람들의 다양한 가치들이 자연적 본성이라는 추상물에서 곧바로 도출될 수는 없었기 때문이다. 계몽주의를 대표하는 인물이었던 몽테스키외와 흄이 계몽주의의 전제들에 대해 제기한 상대주의적이고 회의주의적인 반론들은 계몽주의의 토대가 그리 보편타당하지 않으며 확고하지도 않다는 사실을 서서히 드러내기 시작했다.

여기에 프랑스 계몽주의의 귀족적이고 엘리트적인 측면에 불만을 품었던 18세기 후반 독일 지식인들의 적대적 감정이 더해지면서 독일에서 본격적으로 낭만주의 운동의 막이 오르게 된다. 벌린이 그 총체적인 반항의 물꼬를 튼 사람으로 지적하는 이는 18세기 중반의 철학자 요한 게오르크 하만이다. 널리 알려지지 않았지만 하만은 젊은 괴테에게 영향을 미쳤고, 칸트와 교류하며 칸트에 대한 최초의 반론을 펼쳤으며, 자신의 직속 제자인 헤르더에게 깊은 영향을 남겼다. 벌린은 이들을 낭만주의의 진정한 시조들이라고 칭한다. 그렇다면 이들 낭만주의의 시조들이 깨달은 점은 무엇이었는가?

그것은 가치란 자연적 본성에서 발견되는 것이 아니라, 인간이 자연, 사회, 자아와 투쟁하는 과정에서 인간 자신에 의해 만들어진다는 획기적인 발상이었다. 따라서 가치는 역사적이고, 문화에 따라 상대적이며, 심지어 서로 모순적이기까지 한 것이었다. 이렇게 독일 낭만주의자들이 계몽주의가 내세운 보편주의의 허상을 집요하게 공격하자, 마침내 1820년대에 이르러 "합리주의의 삼각대를 지탱해 주던 다리 중 어느 하나도 온전히 남아 있지 않았다. 모든 인간의 의문에 단 하나의 올바른 해답이 존재한다는 생각, 진리는 모든 인간에게 동일하다는 생각, 인간의 가치들은 상충될 수 없다는 생각이 모두 무너졌다."[6] 요컨대 낭만주의자는 분노하는 호랑이처럼 "만물의 안정적인 구조라는 바로 그 생각을 폭파해" 날려 버렸다.(217쪽)

그리하여 계몽주의 시대에는 보편적 지식이 곧 덕이었지만, 낭만주의 운동 이후로는 자기에 대한 진실성 혹은 진정성이 그 자체로 덕이 된다. 보편타당한 앎이 아니라 자신의 특수한 감정에 대한 충실성, 자기만의 고유한 삶에 대한 진정성, 자아의 독특한 창조성 등이 훨씬 더 중요한 가치로 부상한 것이다.

독일에서 시작된 낭만주의 운동은 이내 전 유럽으로 퍼져 나갔으며, 19세기 유럽의 삶과 사유를 변모시킨 가장 중요한 사상운동이 되기에 이른다.

---

6   마이클 이그나티에프, 이화여대 통역번역연구소 옮김, 『이사야 벌린』(아산정책연구원, 2012), 411~412쪽.

오늘날 우리 삶의 바탕을 이루고 있는 개성적인 삶에 대한 전망은 그 자체가 낭만주의 운동에서 직접 유래한 것이다. 이렇게 낭만주의는 우리 현실의 일부가 되었다. 벌린은 이를 다음과 같이 요약한다.

'많은 가치들이 존재하고 그 가치들이 서로 양립할 수 없다는 생각, 다원성과 소진 불가능성과 인간적인 모든 답과 합의의 불완전함에 대한 전반적인 생각, 예술에서건 인생에서건 완벽하게 참이라 주장되는 그 어떤 답변도 원리상 완벽하거나 참일 수 없다는 생각', 우리는 이 모든 생각들을 낭만주의자들에게 빚진 것이다.(261쪽)

그런데 왜 우리는 낭만주의자를 자처하거나 그 사조에 큰 관심을 기울이지 않을까? 그것은 낭만주의가 마치 무의식처럼 우리 삶을 이루는 기본 전제가 되었기 때문일 것이다. 이 점에서 사상이란 마치 물과 같다. 미디어 이론가 마셜 매클루언이 말하듯 "물고기가 전혀 알지 못하는 한 가지는 바로 물이다. 왜냐하면 물고기는 자신들이 살고 있는 요소를 지각할 수 있는 반(反)환경을 갖고 있지 않기 때문이다."[7] 우리는 계몽주의와 낭만주의의 유산

이 마치 한류와 난류처럼 따로따로 놓여 있어서 대개 그 존재조차 자각하지 못하는 물고기처럼 살고 있는 셈이다. 그러나 특정한 장소에서 한류와 난류가 만날 때와 같이, 계몽주의와 낭만주의의 유산이 치열하게 대립할 때, "두 세계의 아이들"(254쪽)인 우리는 그 존재를 강하게 느낄 수밖에 없다. 그리고 우리 시대는 점점 더 그런 방향으로 나아가고 있는 것처럼 보인다.

낭만주의 이후의 세계

훈계하는 조랑말과 분노하는 호랑이는 함께 살 수 있을까? 『낭만주의의 뿌리』의 마지막 대목에서 벌린은 인간적 이상들이 양립 불가능한 상황에서는 그런 상황을 견디며 타협과 관용을 추구해야 한다는 사실을 지적한다. "왜냐하면 내가 타인의 파멸을 추구한다면, 타인도 나의 파멸을 추구할 것이기 때문이다."(262쪽) 그리하여 벌린은 결국 낭만

---

7 존 더럼 피터스, 이희은 옮김, 『자연과 미디어』(컬처룩, 2018), 95쪽에서 재인용. 마셜 매클루언·퀜틴 피오리, 박정순 옮김, 「물고기에게 보내는 메시지」, 『지구촌의 전쟁과 평화』(커뮤니케이션북스, 2022) 참조.

주의가 그 본래 의도와는 달리 자유주의를 확대하고 상호 간의 관용을 허용하며 삶의 불완전성을 자각하는 고양된 이성적 자기 이해를 탄생시켰다고 말한다.

　그런데 사실 그의 언급은 낭만주의의 진정한 아버지 중 한 명인 칸트 이후로 나타난 독일 관념론 철학자들(피히테, 셸링, 헤겔)과 초기 낭만주의 철학자들(슐레겔, 노발리스)이 나아갔던 방향과 일치한다. 벌린의 사상사적 작업 노선에 따라 근대 독일 철학자들의 또 다른 면모를 지속적으로 발굴하고 있는 철학자이자 지성사가 프레더릭 바이저는 이렇게 말한다. "칸트 이전의 철학이 하나의 항을 또 다른 항으로 환원함으로써 환원주의적인 해결책을 추구하는 데 반해, 칸트 이후 철학은 두 항에 평등한 지위를 부여하는 비-환원주의적인 원리를 얻기 위해 노력한다."[8] 양립 불가능한 것들을 다시금 양립할 수 있도록 만드는 것이 낭만주의 이후의 사상적 과제였다. 요컨대 '낭만주의 이후의 계몽주의', 즉 낭만주의를 전적으로 폐기하는 것이 아니라 낭만주의의 주장을 진지하게 받아들이는 새로운

8　프레더릭 바이저, 앞의 책, 99쪽.

계몽주의의 사유가 등장하는 지점이다.

초기 낭만주의 철학자 노발리스가 「아테네움 단상」에서 말했듯 "우리가 꿈에서 꿈꾸는 꿈을 꾸면 잠을 깰 때가 가까워진 것이다."[9] 벌린과 함께 낭만주의의 뿌리를 찾아가는 여정은 우리의 기원으로서 낭만주의라는 뿌리를 찾아가는 여정이기도 했다. 그러나 이 모든 것의 뿌리와 기원을 찾는 이유는 노스탤지어에 젖어 있기 위한 것이 아니라, 오히려 매혹과 유혹을 경계하기 위한 것에 가깝다. 왜냐하면 우리는 부지불식간에 낭만주의적 태도에 사로잡히기 때문이다. 요컨대 "낭만주의는 우리의 순진성이다."[10]

하지만 꿈을 꾸지 않을 수 없는 것처럼 순진성을 쫓아 버릴 수도 없다. 오히려 그것과 결별했다고 여겼을 때야말로 다시금 잠에 빠져드는 순간이 될 수 있다. 우리가 희망할 수 있는 최선의 길은 한계에 머무르며 스스로를 경계하는 것뿐이다. 그것이 계몽이든 낭만이든 모든 좋은 것은 언제든 나쁜 것으로 변질될 수 있기 때문이다. 따라서 긴장

---

9   필립 라쿠라바르트·장뤽 낭시, 앞의 책, 207쪽.
10   앞의 책, 43쪽.

을 놓치지 않고 우리 자신을 끊임없이 직시하는 것, 그 분열됨에 머물러 있는 것, 어쩌면 그것이 '이후'의 세계를 살아가는 방법일지도 모른다.

두 세계의 아이들

이른바 정치적 낭만주의가 추구했던 상이한 정치적 방향들 사이에서 발생한 불가사의한 모순은 온갖 자의적인 내용을 미학적 관심의 계기로 취할 수 있는 서정주의의 도덕적 불감증으로 설명된다. 낭만화의 대상이 무엇이든, 즉 군주주의든 민주주의든, 아니면 보수주의든 혁명 사상이든, 낭만적인 것의 본질에게는 아무 상관없는 일이다. …… 하지만 이 주체의 환상적 우월감의 한가운데에는 현실 세계를 바꿔 보려는 적극적인 의지의 완전한 포기, 즉 수동주의가 도사리고 있다. 그 결과 이제 낭만주의 자체가 비낭만적인 활동의 수단으로 이용되기에 이른다. …… 모든 낭만적인 것은 비낭만적인 다른 세력을 위해 복무하게 되었고, 정의와 결단에 초연하던 그들의 태도는 다른 이들의 권력에 예속된 채 그들의 결단을 뒤쫓기에 급급한 태도로 바뀌고 말았다."[11]

2020년 새로 번역되어 나온 정치철학자 카를 슈미트의 1919년 저서 『정치적 낭만주의』 마지막 문단이다. 사실상 이 문단이 슈미트가 하고 싶은 이야기의 핵심이라고 해도 과언은 아니다. 정치적 낭만주의가 지닌 "서정주의의 도덕적 불감증"과 "수동주의"가 초래하는 현실 권력에 대한 "복무"와 "예속"이야말로 낭만주의의 정치적 본성이라는 것이다. 슈미트의 정치철학적 입장에 동의하든 그렇지 않든 이러한 진단이 적용될 수 있는 낭만적인 정치적 사태는 오늘날에도 곳곳에서 찾아볼 수 있다. 아마도 그것이 이 책이 다시 번역되어 나온 이유이기도 할 것이다.

하지만 여기에서 경계해야 할 점은 프레더릭 바이저와 같은 낭만주의 연구자들이 비판하듯 슈미트가 전제하고 있는 낭만주의 개념은 실제 역사 속의 낭만주의, 특히 초기 낭만주의의 정치적 지향과는 전혀 다르다는 것이다. 바이저는 후기 낭만주의 시기의 몇몇 정치적 낭만주의의 사례들을 모든 낭만주의에 덮어씌우려는 부주의한 해석은 경계해

---

11   카를 슈미트, 조효원 옮김, 『정치적 낭만주의』(에디투스, 2020), 250~251쪽.

야 한다고 말한다.[12] 그 점에서 보자면 정치적 낭만주의에 대한 슈미트 자신의 열띤 비난은 정치적 낭만주의에 오염되지 않은 순수 정치를 지향한다는 점에서 역설적이게도 어딘가 모르게 낭만적인 구석이 있다.

그렇다면 우리가 낭만주의에 대한 논란에서 얻어 내야 할 비판적 시각은 낭만주의 일반에 대한 참된 규정이나 낭만주의 개념 자체의 모호성에 대한 비난이 아니라 이런 질문이다. 어째서 낭만주의와 더불어 우리는 정치적 개념의 보편적 동일성이 사라진 세계에 거주하게 되었는가? 이 객관적 사태를 직시할 때 우리는 행위자들의 다수성과 다원성, 즉 이전에는 지적인 존재로 취급받지 못했던 일련의 하위 주체들이 스스로 목소리를 내면서 정치적 개념의 의미 자체를 끊임없이 파열시키는 상황을 발견하게 된다.

이른바 대중 또는 다중이 공론장에 대거 출현하면서 정치적 개념은 낭만적인 대중에 의해 끝없이 오염되고 왜곡되며 다시 쓰인다. 실제로 1920년

---

12 프레더릭 바이저, 심철민 옮김, 『계몽, 혁명, 낭만주의』(도서출판b, 2020), 제9장 참조.

대에는 이와 같은 대중에 대한 공포가 당대 지식인들의 사고를 장악하고 있었다. 역사적 파시즘이 처음으로 출현한 시기였기 때문이다. 대표적으로 저널리스트 월터 리프먼의 『여론』(1922)과 『환상의 대중』(1925), 그에 응답한 철학자 존 듀이의 『공공성과 그 문제들』(1927), 그리고 철학자 호세 오르테가 이 가세트의 『대중의 반역』(1929) 등으로 이어지는 대중과 여론에 대한 비판적 논의들은 슈미트의 문제의식과 그리 동떨어져 있지 않다. 물론 이는 이 책의 1부에서 살펴본 것처럼 그로부터 100년이 지난 오늘날의 상황과도 맞닿아 있다.

이 점에서 낭만주의의 중요성은 단지 역사적인 것만이 아니라는 벌린의 말을 되새겨볼 필요가 있다. 왜냐하면 "낭만주의의 발흥은 오늘날의 아주 많은 현상들, 즉 민족주의, 실존주의, 위인들에 대한 찬미, 비인격적 제도들에 대한 찬미, 민주주의, 전체주의에 깊은 영향을 미쳤으며, 낭만주의는 이 모든 현상에 개입해" 있기 때문이다.(22쪽) 우리 모두가 수많은 전통의 상속자이며 이런 사상의 가닥들이 뒤엉킨 모순을 우리 안에 지니고 있음을 고려한다면, 우리는 벌린이 말하듯 "두 세계의 아이들"로서, 또한 "일정 정도 낭만주의의 상속자"로서

(253쪽) 낭만주의의 바깥에 있는 것이 아니라 낭만주의 전통과 아이러니한 관계를 맺으면서 살아가고 있음을 깨닫게 된다.

교양 이후의 세계에서
『낭만주의의 뿌리』 읽기

『낭만주의의 뿌리』는 두 번에 걸쳐 한국어로 번역되어 나왔다. 한 번은 강유원과 나현영의 번역으로 2005년에 이제이북스에서 출간되었고, 최근에는 석기용의 번역으로 2021년에 필로소픽에서 출간되었다. 여기에서 논의한 번역 판본은 주로 후자이지만, 전자의 번역본에는 옮긴이의 글이 따로 붙어 있어서 참조해 볼 만하다. 강유원과 나현영은 2005년 6월에 벌린의 책에 대해서 이렇게 쓰고 있다.

박학한 달변가로 유명했던 그답게, 이 책에는 처음부터 원로가 쓴 글에서는 느낄 수 없는 생생한 현장감이 담겨 있다. 칸트나 헤르더, 피히테나 실러 같은 철학자와 사상가들뿐 아니라 문학과 음악과 미술의 각 분야를 아우르며 예리한 분석과 풍부한 실례를 쏟아내는 이 책을 통해 우리는 진정한 의미의

교양을 만날 수 있을 것이다.[13]

그동안 17년이라는 세월이 흘렀기에 "진정한 의미의 교양" 같은 말이 꽤나 낯설게 들리기도 한다. 옮긴이들이 생각했던 그 교양의 내용은 무엇이었을까? 바로 앞에서 옮긴이들은 벌린의 입장을 빌려서 이렇게 말하고 있다. "낭만주의는 결국 개인의 불굴의 의지, 개인의 신념과 이상을 강조하면서 원래의 의도와는 반대로 타인의 의지를 인정하고 타협할 필요성을 불러일으켰다. 인류는 타인의 이상을 인정하지 않으면 자신의 이상도 인정받을 수 없음을 역사를 통해 배우게 된 것이다. 낭만주의가 우리에게 남긴 진정한 유산은 바로 이 관용과 이해의 정신이다."

그러나 '교양 이후'의 세계, 즉 지식의 공통분모도 없고 우리 모두가 공유하는 세계관도 없는 다원화된 세계 속에서 살아가는 입장에서 보자면 이러한 과거의 낙관이 조금은 순진하게 보이는 것도 사실이다. 편집자이자 문화기획자 스가쓰케 마사

13 강유원·나현영, 「옮긴이의 글」, 이사야 벌린, 『낭만주의의 뿌리』 (이제이북스, 2005).

노부는 『앞으로의 교양』에서 이렇게 묻는다. "빅데이터를 무기로 가진 우리는 이미 '뭐든지 알고 있다'고 생각하지만 과연 그럴까? 오히려 수동적으로 자기 관심 영역에만 머무는 사람이 많아지고 있는 건 아닐까?"[14] 지식의 다원화, 세계관의 다원화가 공통교양의 상실을 불러왔기에 어쩌면 우리의 시야는 더 협소해졌는지도 모른다. 그렇다면 오늘의 교양은 어떤 모습을 띠어야 할까?

분명 오늘의 교양은 더 이상 지식의 나열에만 머물 수는 없을 것이다. 그런 것이라면 지식 콘텐츠가 더 잘할 수 있을 테니까 말이다. 과학자 이정모는 오늘의 과학적 교양이 지식이 아니라 태도, 즉 "함부로 믿지 않고 질문하는 것 그리고 나를 포함한 모든 사람이 언제든 실수할 수 있고 틀릴 수 있다고 인정하는" 태도에서 시작된다고 말한다.[15] 그는 이런 태도를 '과학적인' 태도라고 부르는데, 흥미롭게도 물리학자 김상욱 역시 이구동성으로 "과학이란 논리라기보다 경험이며, 이론이라기보

---

14   스가쓰케 마사노부, 현선 옮김, 『앞으로의 교양』(항해, 2019), 7쪽.

15   이정모, 「과학은 지식이 아닌 삶의 태도」, 《LUXURY》(2018년 5월호).

다 실험이며, 확신하기보다 의심하는 것이며 ……
과학은 지식이 아니라 태도"라고 말한다.[16]

과학자들의 이런 말들은 앞서 보았던 낭만주의 이후의 계몽주의적 태도를 다시 이야기하고 있는 것이라고 볼 수 있다. 보편타당한 세계의 진상을 과학자가 미리 알고 있다고 가정하는 것이 아니라, 누구든 틀릴 수 있으므로 겸손한 자세로 경험과 실험과 의심을 통해 보다 합리적인 진실에 함께 다가가자고 권유하는 것이기 때문이다.

이렇듯 비록 특정한 지식을 미리 공유하고 있지 못한다고 해도 어떠한 지식이든 그 근거를 따져 물을 줄 아는 태도를 공유한다면, 우리는 어색한 대화 속에서도 서로에 대한 이해와 세상에 대한 이해를 서서히 쌓아 갈 수 있을지도 모른다. 그러나 코로나 팬데믹을 둘러싼 각종 정치적 논란에서 우리가 종종 접했듯 합의 가능한 과학의 문제와 합의 불가능한 정치의 문제를 잘 구분하는 것이 언제나 쉬운 일은 아니다. 과학방역과 정치방역을 둘러싼 팬데믹 시기의 끝없는 논쟁은 완전히 중립적인 과학적 시각이란 불가능함을 보여 준다.

16   김상욱, 『떨림과 울림』(동아시아, 2018), 269~270쪽.

과학기술학자 브뤼노 라투르가 지적하듯 과학기술의 자율성이 언제나 보장된다거나 과학과 정치의 경계가 언제나 확고하다고 말할 수는 없다.[17] 오히려 이때에는 많은 가치들이 존재하고 그 가치들이 서로 양립할 수 없다는 낭만주의의 비판적·갈등적 사고방식이 더 유용해 보이기도 한다. 결국 계몽주의가 추구하는 합리적 보편성과 낭만주의가 추구하는 갈등과 경합의 끊임없는 교차는 한국 사회에서도 우리가 완전히 벗어날 수 없는 일종의 아이러니한 조건을 이루고 있는 셈이다. 여기에서 우리는 라투르가 조언하듯 "너무 성급하게 어느 편에 서지 않으면서 이 모순, 이 이중의 담론을 검토 대상으로" 삼아 볼 필요가 있다.[18] 느긋하게, 진득하게.

철학이 삶을 살아가는 방법이라면 혹은 고대 철학자들이 말하듯 삶을 살아가는 삶의 양식 그 자체라면, 오늘날 철학자들이 직면해야 할 현실은 삶을 살아가는 좋은 방법이 단 한 가지만 있는 것이 아니라는 명백한 다원주의적 사실이다. 그러한 사실에 늘 강한 관심을 기울였던 철학자 니체는 1881년

---

17   브뤼노 라투르, 이세진 옮김, 『과학인문학 편지』(사월의책, 2012), 1장 참조.
18   앞의 책, 25쪽.

가을에 쓴 유고에서 이렇게 말한다. "모든 학파들과 그들의 경험은 우리의 정당한 소유물이다. 우리가 전에 에피쿠로스학파의 철학적 해결책을 통해 유익을 구했다고 해서 스토아학파의 해결책을 차용하지 못하란 법은 없다."[19] 좋은 삶의 방식이 다양하고 무수히 많다면, 철학은 유일무이한 삶의 진리를 전달하는 것을 자신의 과제로 삼을 수 없다. 오히려 그 다양하고 무수한 삶의 방식들을 포괄적으로 긍정할 수 있는 매몰되지 않는 시야가 필요하다.

비록 철학자 리처드 로티는 전통적인 의미의 철학이 아니라 문학, 특히 소설이 이런 일을 더 잘할 수 있다고 말하기는 했지만, 로티 자신이 여러 철학적 글쓰기를 통해서 그렇게 하듯 철학의 할 일이 완전히 사라지지는 않을 것이다. 철학책은 어쩌면 좀 더 분명하게 우리 시대의 다원적 현실에 대해, 아이러니한 대화의 상황에 대해 이야기할 수 있을 것이다. 이 지점에서 일단은 이사야 벌린이 남긴 다음의 말을 마지막으로 떠올려 볼 수 있을 것 같다.

---

19   피에르 아도, 이세진 옮김, 『고대 철학이란 무엇인가』(열린책들, 2017), 8쪽에서 재인용.

"철학의 목표는 언제나 같다. 사람들이 스스로를 이해하고 어둠 속이 아니라 열린 공간 속에서 살아갈 수 있게 돕는 것이다."[20]

---

20   Isaiah Berlin, *Concepts and Categories: Philosophical Essays* (Princeton University Press, 1996), p.14.

5장

허무와 무기력의
시대 건너기
—『모든 것은 빛난다』(2013)

"신들이 우리에게서 퇴장하거나
우리를 포기한 것이 아니다.
우리가 그들을 발로 걷어찬 것이다."[1]

"무언가를 하고 싶은 것도 아니지만, 아무것도 하고 싶지 않은 것도 아니다."

철학자 이와우치 쇼타로는 현대를 살아가는 우리의 실존 감각을 이렇게 묘사하고 있다. 과거의 그 어느 시대보다도 자유롭고 풍요롭지만 바로 그렇기에 대체 무엇을 선택해야 할지가 더없이 모호해졌다. 확신을 갖고 무언가를 선택할 수도 없지만 그렇다고 선택하지 않을 수도 없는 어중간한 상황이 오늘날 삶의 공통 조건이라는 이야기다.[2]

1   휴버트 드레이퍼스·숀 켈리, 김동규 옮김, 『모든 것은 빛난다』
     (사월의책, 2013), 375쪽.
2   이와우치 쇼타로, 이신철 옮김, 『새로운 철학 교과서』(도서출판
     b, 2020), 프롤로그 참조.

그래서일까. 우리는 자주 결정하지 못하는 상태에 빠지곤 한다. 무수한 선택지들 가운데서 어떤 선택지를 골라야 할지에 대한 기준이나 가치가 확고하게 정해져 있지 않아서다. 어떤 영화를 볼지, 어떤 사람과 만날지, 어떤 인생을 택할지가 온전히 개개인의 자의에 맡겨져 있는 세상에서는 선택지가 늘어날수록 개인이 감당해야 할 책임의 부담은 커져만 간다. 무엇이 중요하고 무엇이 그렇지 않은지 스스로 판단하는 것이 자율적인 개인의 권리이자 의무라고 말하지만, 실제 현실을 들여다보면 대다수의 사람들은 자신의 선택을 대신해 주는 알고리즘이나 전문가의 말에 의지하고 있을 뿐이다.

허무함의 감각

어째서 선택의 자유라는 근대의 위대한 성취가 도리어 삶의 짐이 되어 버렸을까? 철학자 휴버트 드레이퍼스와 숀 켈리는 『모든 것은 빛난다』에서 이와 같은 현대인의 곤경을 깊숙이 파고든다. 저자들은 이를 단순히 특정 개인의 심리적 문제로 국한시키지 않는다. 두 철학자들이 보기에 우리가 겪는 곤경의 뿌리는 훨씬 더 깊은 곳에 놓여 있기 때문이다. 그것은 한 개인의 삶을 넘어서 현대 문화 도처에 도사리고 있는 근본 문제다.

> 현대 세계의 특징은 우리들 대다수에게 그 이전보다 선택의 폭이 더 넓어졌다는 바로 그 점에 있는 것이 아니다. 그보다는 우리가 이런 종류의 실존적 선택에 직면했을 때, 저것 아닌 '이것'을 선택하게끔 해주는 참다운 동기가 없다는 점에 있다.(20쪽)

운명적이거나 필연적인 동기를 갖지 못한 현대인들에게 남아 있는 주된 정조는 일상에서 누릴 수 있는 가벼운 쾌락과 그 이면의 이유 없는 우울함 같은 것이다. 문화이론가 마크 피셔는 현대를 살아가는 사람들이 "우울증적 쾌락"에 빠져 있다고 진단하는데, 이는 소소한 쾌락을 추구하는 것 말고는 어떤 의미 있는 일도 하지 못하는 허무하고 무기력한 상태를 말한다.[3] 우리는 무언가에 빠져 있다고 느끼지만 진정한 만족은 느끼지 못하고, 무언가에 열광하지만 동시에 한없이 권태로워하기도

---

3   마크 피셔, 박진철 옮김, 『자본주의 리얼리즘』(리시올, 2018), 부록 참조.

한다. 누구나 소셜 네트워크나 유튜브에서 그리 원치도 않는 링크와 영상을 끝도 없이 클릭하는 불면의 밤을 보낸 적이 있을 것이다.

무기력한 경험과 허무함의 느낌은 오늘날 어디서나 느낄 수 있는 지극히 현대적인 감각이지만 근래 들어 갑자기 출현한 것은 아니다. 본래 허무주의는 18세기 유럽에 처음 등장해서 19세기 후반에 대중화된 개념이다. 러시아 소설가 투르게네프의 소설 『아버지와 자식』(1862)에는 허무주의자를 자처하는 인물이 등장하고, 같은 시기 철학자 니체는 "신은 죽었다."라는 말로 전통적 가치에 대한 믿음을 상실한 당대 사회의 분위기를 요약한 바 있다. 20세기 식민지 조선에서도 허무주의는 주요 사상 중 하나였다. 이광수, 채만식, 김동리 같은 작가들은 1930년대 이후 소설에서 허무주의적 경향을 강하게 드러냈다.[4] 그 뒤로도 한국전쟁 이후든 소련 붕괴 이후든 커다란 역사적 이념이 무너질 때면 허무주의적 감수성을 담은 예술 작품들이 연이어 등장했다.

4   정홍섭, 「1930년대 후반 한국소설에 나타난 허무주의 연구」, 《민족문학사연구》 제32호(2006) 참조.

물론 오늘날 일상에서 우리가 경험하는 허무함의 감각은 과거 지식인들과는 다소 차이가 있다. 우리는 거대 이념의 붕괴나 거대 서사의 몰락으로 인해 극적이고 역사적인 실망감을 느낀다기보다는 무수한 선택지들 사이에서 확신에 찬 결정을 내릴 수 없는 무능으로 인해 옅은 우울감에 젖은 일상 속을 살아갈 따름이기 때문이다. 그럼에도 세상에 중요한 것은 아무것도 없다는 두려움을 안겨 주고 의미를 잃은 삶을 살고 있다는 방향 상실의 감각을 느끼게 한다는 점에서 보면, 예나 지금이나 허무주의의 작동 방식은 그리 다르지 않다.

그러나 허무함의 상태에 대처하는 일은 언제나 쉽지 않다. 허무주의는 근대에 들어와 우연히 발생한 일탈적 사건 같은 것이 아니기 때문이다. 허무함의 감각은 근대가 지향하는 개인적 자율성의 가치와 등을 맞대고 있으며, 자율적이고 독립적인 삶을 지향하는 한 허무의 소용돌이로부터 완전히 탈출하기는 어렵다. 『모든 것은 빛난다』에서 드레이퍼스와 켈리는 세계의 속박과 타인의 구속으로부터 벗어나 온전한 자율성과 진정성을 누리고자 하는 근대인의 열망이 어째서 허무주의로 빠져들 수밖에 없는지를 그 사상사적 궤적을 통해 선명하게 보여 준다. 진정한 '나'를 찾고자 하는 의지는 매혹적이고 아름답지만 동시에 그만큼 위험하고 위태롭기도 한 것이다.

자율성의 한계

『모든 것은 빛난다』는 허무주의로 빠져든 세계에 대해서 비탄만 하는 책은 아니다. 제목에서 알 수 있듯 그 반대에 가깝다. 허무주의를 어찌할 수 없는 필연으로 보는 염세적인 견해들과는 달리, 오늘날에도 우리가 의미 있고 빛나는 삶을 회복할 수 있다고 보는 시각 때문이다. 저자들은 과거의 의미심장하고 열정적인 삶과 현대의 불안하고 허무한 삶을 대비시키고, 어쩌다 우리가 이런 지경에 이르게 되었는지 그 역사적 경위를 살핀다. 나아가 우리 시대 작가들이 이 상황을 극복하기 위해 어떤 고군분투를 했는지 보여 주고, 그 싸움이 어떤 면에서 실패했고 더 나은 대안은 무엇인지 이야기한다.

드레이퍼스와 켈리는 현대 미국을 대표하는 소설가 데이비드 포스터 월리스의 삶과 소설을 우리 시대의 허무주의에 대응한 한 가지 주요한 사례로 거론한다. 실제로 월리스는 독자들에게 의미 있게 사는 법이 무엇인지 보여 주는 데 자신의 작품을 바친 작가일 뿐 아니라 현대에 널리 퍼져 있는 허무한 정조를 포착하고 그것을 의식적으로 표현하려 한 작가다. 예를 들어 대표작 『끝없는 농담』은 다음과 같은 식으로 오늘날 삶의 모습을 정확히 포착한다. "우리는 무엇인가를 말하지만, 우리가 무엇을 말했고 말하지 않았는지를 되묻고, 다시 그 물음에 관해 묻다가 다른 관점을 가지고 그리로 되돌아가고, 그것을 규정짓다가 다시 규정짓지 않고 기타 등등…… 무한에 이르도록 미주에 각주를 달고 각주에 미주를 단다."(52쪽)

이 점에서 윌리스는 현대적 삶에서 발생하는 문제는 의미 있게 사는 법을 모른다는 데 있지 않다고 말한다. 진짜 문제는 의미 있게 산다는 과제에 대해 충분히 오래도록 초점을 맞출 수 없는 데 있다는 것이다. 그래서 윌리스는 의미 있는 삶을 영위하기 위해서는 현대적 실존에 부가되는 다양한 형태의 유혹들, 즉 정신 이탈증, 주의 산만함, TV, 고독, 마약, 섹스, 인터넷과 맞서 싸울 뿐 아니라 그것들과 멀어져서 자신의 권태를 있는 그대로 직시하고 그 권태의 바다 속에서 묵묵히 자신의 일을 해내는 영웅적인 투쟁이 필요하다고 말한다.

"여러분이 선택을 할 때 충분히 주의를 집중할 수만 있다면, 아마 여러분은 상황을 달리 보기를 선택할 수 있을 겁니다."(79쪽)

요컨대 우리는 끈질긴 의지와 노력을 통해서 어떤 상황이 닥치든 권태로운 현실을 지옥이 아니라 영원한 행복으로도 경험할 수 있다. "세계를 성스럽고 의미심장한 것으로 경험하려는 선택은 우리의 힘으로써만 해낼 수 있는 선택"이라는 게 월리스의 생각이었다.(79쪽) 비단 월리스만 이런 이야기를 한 것은 아니다. 니체 역시도 이 점에서 허무주의를 반겼다. 허무주의를 철저히 밀고 나가면 우리 자신이 의미의 특별한 창조자가 될 수 있기 때문이다. 그래서 니체는 신의 죽음 이후에도 늠름하게 살아가는 개인을 "자유로운 영혼"이라고 부르고 "초인"을 찬양했다. 신이 죽었다면 이제 "우리 스스로가 신이 되어야 하는 것이 아닐까?"라고 니체는 『즐거운 학문』에서 자문한다.

이렇듯 우리 자신이 스스로 의미의 원천이 되고, 자아를 확장하는 것이 우리 삶의 영원한 과제가 되어야 한다는 것이 월리스와 니체의 공통적인 시각이다. 이것은 "인간 실존에 있어서 유일한 의미의 원천은 곧 개인의 강력한 의지력에 있다는 사상"이다.(88쪽)[5] 그러나 이런 의지주의는 하나의 함정일지도 모른다.

우리가 알다시피 개인의 순전한 의지력만으로 더 행복한 상태에 도달하기는 불가능한 일이다. 의지력은 한계가 있다. 자신의 상황을 의지로 순전히 통제하는 것은 그 누구에게도 불가능하다. 우리는 작은 영역에서 짧은 시간 동안 그런 일을 할 수 있을 뿐이며 인생의 모든 상황과 생각을 통제할 수는 없다. 그것은 아무도 완수할 수 없는 과제일 것이다. 심지어 월리스 자신조차 그렇게 하지 못했다.[6]

게다가 모든 것이 나로부터 시작하고 내가 모든 것에 의미를 부여할 때, 모든 사물과 사건은 그 자체로 의미를 갖지 못하게 된다. 그렇게 우리는 더욱더 허무해지고 만다. 넷플릭스의 넓은 창을 보면서 대체 무엇을 선택해야 할지를 고민할 때 이를 보

5   이것은 월리스와 니체에 대한 저자들의 고유한 해석이다. 이와는 상반되는 다른 해석도 여럿 있음을 밝혀 둔다. 저자들은 주로 하이데거의 니체 해석을 따르고 있다. 마르틴 하이데거, 박찬국 옮김, 『니체 1, 2』(길, 2010~2012) 참조.

6   월리스 자신이 말하듯 그는 "하루 한 시간쯤은 글을 쓸 것이고, 글을 계속 쓰지 못하는 것에 대해 손가락을 물어뜯으면서 하루 여덟 시간을 고민"하는 작가였다. 휴버트 드레이퍼스·숀 켈리, 『모든 것은 빛난다』, 64, 84쪽 참조.

완하기 위해서 알고리즘이 제시되지만, 그것 역시도 우리의 과거 선택에 의존할 뿐이다. 알고리즘은 결코 새로운 것, 새로운 의미를 제시하지 못한다.[7]

이처럼 개인의 자아가 선택의 부담을 많이 가지게 될수록 선택의 자유는 축복이 아니라 오히려 저주가 된다. 그런 까닭에 개인주의의 시대가 부상할수록 그 이면에는 각종 심리적 문제들 또한 부상할 수밖에 없다. 이것이 오늘날 그 많고 많은 심리학서와 에세이 문학이 번성하는 이유이기도 하다. 과거에는 신과 공동체가 부담했던 것들이 모조리 자율적 개인에게 떠맡겨지기 때문이다. 그리고 이렇게 될 때 모든 의미 추구는 실상 그것이 순전히 개인적이라는 점에서 자의성에서 벗어날 수가 없게 된다. 내가 왜 이것을 하고 있는지에 대한 어떤 확실하고 절대적인 근거도 개인으로부터는 나올 수 없기 때문이다.

문제는 명확해진 것 같다. 자기 통제는 유일한 해법도 아니며 가장 유망한 길도 아니다. 그런 요구는 우리 스스로 신이 되라는 요구나 다를 바

---

7   베르나르 스티글러, 김지현·박성우·조형준 옮김, 『자동화 사회 1』
     (새물결, 2019) 참조.

가 없다. 이것이 자기계발서와 힐링서가 함께 유행하는 기묘한 상황이 만들어지는 근본 이유라 할 수 있다. 한편에서는 우리 자신의 자율적 의지의 힘만을 믿고, 다른 한편에서는 그런 힘을 전혀 믿지 않는 태도가 기묘하게 공존하고 있다. 현대 사회에서 인간 실존의 역설이 있다면 이런 것이 아닐까. 우리는 이런 교착 상태에서 벗어나야 한다.

세계와 공명하는 삶

그렇다면 어떤 대안이 있을 수 있을까? 드레이퍼스와 켈리는 고대와 현대를 넘나들며 여러 사례를 통해 그 대안의 윤곽을 그려 보인다.

처음 등장하는 사례는 2007년 뉴욕 지하철에서 일어난 한 사건이다. 지하철 승강장에 서 있던 한 남자가 경련을 일으키며 승강장 아래로 떨어졌다. 열차가 달려오고 있던 급박한 상황이었다. 그런데 50살의 건설노동자 웨슬리 오트리가 어린 두 딸을 남겨 둔 채 그를 돕기 위해 뛰어들었다. 오트리의 임기응변으로 다행히 두 사람 모두 무사히 구조되었다. 이 놀라운 살신성인의 이야기는 이내 전 미국을 뒤흔들었다. 흥미로운 것은 어떻게 그런 위험한 일을 할 수 있었느냐고 기자들이 물었을 때 오트리가 한 말이다.

> "제가 대단한 일을 했다고는 생각하지 않아요. 단지 도움이 필요한 사람을 보았을 뿐입니다."(17쪽)

드레이퍼스와 켈리는 이 지하철 영웅의 말과 행동에서 철학적 의미를 찾아낸다. 중요한 점은 오트리가 스스로를 행동의 원천으로 여기지 않았고, 어떤 자율적 의지에 따라 행위를 하려고 했던 것이 아니라 상황 자체에 부응해 행동했다는 사실이다. 그 어떤 일말의 불확실함이나 주저함도 없이 말이다. 여기에서 저자들은 현대인의 허무주의적 불안함과 대조되는 확실성의 느낌을 발견한다. 웨슬리 오트리는 선택의 무자비한 파도 사이에서 고민하지 않았다. 그는 그저 도움이 필요한 사람을 보았고 곧바로 행동했다.

저자들은 스포츠 분야에서 이와 유사한 사례를 찾을 수 있다고 말한다. 대가급 선수들은 오트리와 마찬가지로 "주위 환경에 대한 고양된 각성"을 가지고 있다.(28쪽) 예컨대 미국 최고의 농구 선수였던 빌 브래들리는 눈으로 보지도 않고 농구 그

물 안으로 공을 집어넣거나 패스를 하는 등 놀라운 능력을 코트에서 선보이곤 했다. 이는 그가 항상 자기가 있는 위치와 상황에 민감하게 반응하고 있었기 때문이다. 지하철 영웅과 위대한 농구 선수의 공통점은 그들이 반짝이는 상황적 순간에 집중하고 그에 반응해 망설임 없이 행동했다는 점에 있다. 이는 현대인들이 일상에서 느끼는 허무함의 감각과는 완전히 다른 실존적 경험이다.

드레이퍼스와 켈리는 이 실존적 경험의 의미를 이해하기 위해 과거로 돌아가 호메로스가 그려 냈던 고대 그리스 시대에 주목한다. 호메로스가 『일리아스』와 『오디세이아』에서 보여 주는 그리스인들의 실존 이해는 근대인들의 그것과는 전혀 딴판이다.

근대인들이 데카르트와 칸트 이래로 개인의 자아가 스스로의 실존에 전적으로 책임이 있다고 생각하는 데 반해, 그리스인들은 "우리를 끌어당기는 외부의 힘에 우리가 열려 있을 때만 최선으로 행동할 수 있다"고 여겼다.(252쪽) 외간 남자 파리스와 함께 도주했던 변덕스러운 헬레네는 남편 메넬라오스에게 돌아와 다시 완벽한 아내 노릇을 할 뿐 아니라 상황의 주어짐에 부응했다는 점에서 심지어 남편으로부터 칭찬까지 받는다. 저자들은 현대인들이 보기에 매우 기이한 이 대목에 주목하면서 그리스인들이 세계에 대해 열린 마음을 가지고 시시각각 변화하는 정조들에 맞추어 사는 것을 더 탁월한 삶으로 여겼음을 짚는다.

더구나 그리스인들은 로마인들과 달리 이러한 세계와의 동조 경험을 단순한 우연으로 여기지도 않았다. 우연의 사건에는 의미나 목적도 없고 그에 대해 감사함을 느낄 필요도 없다. 그러나 그리스인들은 우연이나 행운처럼 보이는 사건에도 그 뒤에는 항상 신의 개입이 있다고 생각했고, 여러 신들에 감사와 경외를 표하면서 살았다. 이 역시 우리 근대인들이 보기에는 대단히 낯선 삶의 방식이지만, 그리스인들이 이런 감사와 경외를 통해 지속적인 경이감 속에서 세계의 의미를 붙잡고 있었음에 주목해야 한다고 저자들은 말한다.

요컨대 그리스인은 시시각각 변화되는 상황과 세계에 "끝없이 공명하는 삶"의 태도를 따른다.(305쪽) 이는 삶의 의미를 유일신에게서 찾는 것도 아니고, 데카르트 이래의 근대적 사고방식에서처럼 자율적 자아에게서 찾는 것도 아니다. 오히려 상황이 주는 의미와 기분을 있는 그대로 받아들이면서 이미 주어져 있는 세계와 공명하고 그로부터 행복과 의미를 재발견하는 삶의 방식이다.

이는 나를 둘러싼 주위의 분위기에 끊임없이 공명하는 삶이자 나와 공명하는 세계에 감사를 표하며 살아가는 삶이기도 하다. 공명할 때 우리 삶의 의미는 반짝이고 빛나고 성스러워진다. 저자들은 이를 고대 그리스어를 빌려 퓌시스(Physis)의 경험이라고 칭한다. 이는 일상에서 느껴지는 성스러운 출현의 순간을 뜻한다. 누구나 그처럼 빛나고 반짝이는 순간을 느낀 적이 있을 것이다. 그런 경험은 삶을 살 만한 것으로 만들어 준다.

반면에 근대인들이 우리에게 주어진 세계를 단지 우연한 것으로만 여길 때 우리는 세계와의 분리를 대가로 치르며, 그 분리는 우리로 하여금 더 이상 인생에서 참다운 의미를 경험할 수 없게 만든다. 그래서 드레이퍼스와 켈리는 "우리 자신만이 우리 행동의 유일한 원천이라는 현대인의 생각은 포기되어야만 한다."라고 분명하게 말한다.(143쪽)

자아중심주의와 개인중심주의에 빠져 있는 한, 모든 것의 의미에서 '나'가 중심이 되는 한, 우리는 결국 허무주의에 빠질 수밖에 없다. 이 점에서 허무함의 감각이란 자기를 넘어선 상황과 세계

에 대한 민감한 감각을 잃어버리고 자아 내부로 폐
쇄된 삶의 태도에서 나오는 문제에 다름 아니다.
허무주의는 세계와 공명하는 법을 잊어버린 삶인
셈이다.

정치라는 '경험'

나는 이 글을 지난 2021년 도쿄 올림픽을 보면서
쓰고 있었다. 올림픽이란 고대 그리스의 올림피아
제전을 현대화시킨 것이니만큼 『모든 것은 빛난
다』에서 이야기하는 공명, 반짝임, 퓌시스의 경험
등을 세계 최고 선수들의 경기를 통해 새삼 실감할
수 있기도 했다. 그런데 그 와중에 양궁 국가대표
안산 선수를 둘러싸고 이른바 '페미' 논란이 벌어
지는 것을 보면서 이 순수한 올림픽 경기조차도 결
코 정치에서 자유롭지 않다는 사실을 다시금 깨달
았다. 어떤 반짝임의 순간도 사회정치적 영역으로
부터 자유롭지 않은 셈이다. 은총과 함께하는 스포
츠 공간에도 정치의 장으로 돌변할 수 있는 가능성
이 항상 도사리고 있다.

　　드레이퍼스와 켈리 역시 반짝임의 두 얼굴을
간과하지 않았다. 그들은 "현상의 반짝임은 야누

스의 얼굴을 가지고 있다."라고 지적한다.(350쪽) 위대한 스포츠 경기에서 관중들과 하나가 되어 일어서는 경험과 히틀러의 집회에서 군중들과 하나가 되어 일어서는 경험 사이에는 아무런 차이가 없기 때문이다. 세계와 공명하는 삶은 때로는 스펙터클의 정치경제에 동원될 수 있다. 특히나 오늘날의 인터넷 세계처럼 사용자의 감각적 지각을 끊임없이 포획하는 관심 경제 속에서는 더욱더 그렇다.

여기에서 우리는 딜레마에 봉착한다. 자율적이고 비판적인 개인으로서 정치경제적 동원과 거리를 둔다면, 우리의 삶은 세계와의 공명을 상실하기에 쉽게 허무주의적이고 무의미한 삶으로 미끄러질 수 있다. 다른 한편으로 공동체와 하나가 되는 의미심장한 삶을 영위한다면, 우리의 삶은 쉽사리 가짜 뉴스에 동원되어 버릴 수도 있다. 그래서 저자들은 이렇게 제안한다. "이 세속적 허무주의 시대에서 잘 살아가려면, 열광하는 군중과 하나가 되어 일어나야 할 때가 언제이고, 발걸음을 돌려 그곳에서 재빨리 빠져나와야 할 때가 언제인지를 알아차리는 차원 높은 기술이 필요하다."(362쪽)

한마디로 이 차원 높은 기술은 특정한 경험과 몰입에 대해서 메타적이고 반성적인 자기 인식을 갖는 것을 뜻한다. 저자들은 이를 메타 포이에시스(Meta-poiesis)라는 생소한 용어로 부르지만, 정작 이런 자기 인식이 어떤 모양을 띠어야 하는지에 대해서는 그리 많은 이야기를 하지는 않는다. 분량상의 문제도 있겠지만 『모든 것은 빛난다』에서 주로 이야기하려 했던 허무주의의 극복과는 조금 다른 문제이기 때문이기도 했을 것이다.

특정한 경험과 몰입, 특별한 반짝임의 순간에 대해 반성적인 자세를 가지고 거리를 두는 태도는 필연적으로 자율성을 요구할 수밖에 없다. 거리 두기가 가능하려면 직접적이고 지각적인 경험과는 다른, 훨씬 더 간접적이고 언어화된 인식적-비판적 경험이 필요하다. 이것은 개인이 직접 경험할 수 있는 한정된 지각을 넘어서 서사화되어 있는 역사적 구조에 대한 정치적 인식에 가닿아야 한다는 말이다. 그러려면 계급, 성별, 지역, 인종, 장애 등에 따라 구조화된 역사가 어떻게 우리의 경험을 제약하는지를 사회정치적 맥락에서 이해해야 한다.

세계와 공명하는 빛나는 삶만이 중요한 것이 아니다. 우리에게는 그 빛남의 윤리성에 대해 질문할 수 있는 또 다른 역량이 필요하다. 이를 정치라는 '경험'이라고 부를 수 있을까?

사회학자 서동진은 자신의 일상적 경험을 자신이 속한 세계에 대한 정치적 이해와 결합하는 또 다른 경험의 필요성에 대해서 인상 깊게 이야기한 바 있다. 그는 이러한 또 다른 경험을 "자신이 놓여 있는 세계를 인식하기 위한 경험"이라고 요약하며, 이것으로 우리가 직접적으로는 경험할 수 없는 구조를 인식할 수 있다고 말한다.[8] 일상적 경험을 둘러싸고 있는 구조적이고 정치적이고 역사적인 것에 충분히 주목하지 않으면, 반짝임의 육체적 스펙터클이 어떤 식으로 매개되어 있고 어떤 식으로 동원되고 있는지에 대해 충분히 비판적인 시각을 갖지 못할 수 있다.

실제로 '편집자를 위한 철학 독서회'에서 동료 편집자들과 함께 『모든 것은 빛난다』를 읽었을 때 이런 양서가 성공한 것은 폭력과 같은 인간의 어두운 면을 다루지 않았기 때문이라는 지적이 나오기도 했다. 반짝임의 경험에 매료될 때 우리는 그것이 놓여 있는 지반에 무감각해지고 만다. 예컨대 즐거운 술자리에서 맛있는 삼겹살을 먹고 사람들과 대

8   서동진, 「좌파라는 '경험'」, 《문학과사회 하이픈》(2021년 겨울호), 23쪽.

화를 나누는 건 반짝이는 경험이지만, 우리는 그 경험의 일부인 삼겹살이 어떤 과정을 통해 생산되고 어떤 폭력에 의해서 만들어지는지에 대해서는 눈을 감는다. 열광과 환희의 순간이 우리에게 삶의 의미라는 빛을 던져 줄 때, 그 빛으로부터 소외되고 배제된 자들의 경험은 잘 보이지 않는다.

　　저자들이 말하듯 모든 것에 비판적이고 회의적인 자율성의 상태로는 의미 있게 살아갈 수가 없다. 세계와의 공명을 놓치는 허무주의적 상태로 들어가 버리게 되기 때문이다. 그러나 반대로 공동체와의 공명에만 집중하면, 그 공명이 어떤 구조 위에 놓여 있는지에 대해 무감해지기 쉽다. 요컨대 우리에게 남은 문제는 감사하는 인간과 비판하는 인간 사이의 균형 잡기다. 감사하는 인간과 비판하는 인간 사이에서 그 각각의 존재 방식을 "공평하게 대우하는 기술"이 필요한 것이다.(374쪽)[9]

9　　『우연성, 아이러니, 연대』에서 리처드 로티는 사적인 것과 공적인 것 사이의 불일치를 비슷한 방식으로 이야기한다. 그는 사적인 자아실현을 의미하는 페인트붓과 공적인 비판과 연대를 의미하는 쇠지렛대라는 비유를 들어 그 둘이 융합될 수 없는 두 가지 종류의 도구임을 지적한다. 페인트붓과 쇠지렛대를 결합시킬 수 있는 메타적 지평이나 이론은 없다는 뜻이다. 이 점에서 세 철학자는 오늘날의 역사적 시대가 특별한 메타적 기술 혹

오늘날 우리가 일상에서 처하는 아주 흔하고 피부에 와 닿는 사례로 이를 더 자세히 이야기해 보자. 윗세대가 저지른 잘못을 어떻게 비판할 것인가? 사람들에게 큰 영향을 미친 작가나 정치인이 죽었을 때 그의 과오와 성취를 어떤 기준으로 평가할 것인가?[10] 상사나 클라이언트와 의견이 부딪칠 때 얼마나 감사를 전하고 어떻게 적절하게 대응할 것인가? 이 각각의 경우들마다 우리가 혼란스러워지는 것은 일반화되기 어려운, 미묘하고 복잡한 사태들이기 때문이다.

우리 시대에 유행하는 이른바 '취소 문화'는 이 문제를 잘 보여 준다. 유명인을 대상으로 과거의 잘못된 행동이나 발언을 고발하고 직업이나 사회적 지위를 잃게 만드는 소셜 미디어상의 이 현상은, 아동 성범죄를 저지른 인물을 공격할 때는 정당한 비판 운동처럼 보이다가도, 때때로 오해에 기반을 둔 일종의 '조리 돌림'으로 전락하며 억울한 피해자를 만들어 내기도 한다. 과거에는 감사의 과

은 균형 잡기를 필요로 한다는 데 동의하고 있는 셈이다.

10   한 가지 예로 박원순 서울시장의 죽음 및 장례와 관련된 논쟁에 대해서는 조무원, 「왕이 죽으면 어떻게 될까?」, 《한편》 6호 '권위'(민음사, 2021) 참조.

도함이 정당한 비판과 문제제기를 사전에 막았다면, 오늘날에는 비판의 과도함이 상황도 맥락도 고려하지 않은 채 증오와 혐오의 연쇄를 불러오고 있는 셈이다.

우리는 공평한 대우의 특정한 방식에 공명하면서 함께할 수도 있고, 어떤 것이 대체 공평한 대우인지를 두고 끝없이 다툴 수도 있다. 이렇듯 공평한 대우의 정당성을 두고 다투는 존재 방식을 정치의 존재 방식이라고 부를 수 있을 것이다.

고대 그리스인들에게서 배울 수 있는 교훈은 세계와 공명하는 삶만이 아니라 민주주의 정치에도 있다. 어쩌면 여기에서 허무와 무기력의 시대를 건널 수 있는 또 다른 방법을 발견할 수 있을지도 모른다. 우리는 비록 현실 정치에 끝없이 실망하지만, 그 어느 시대보다도 많은 다양성을 보장하려는 민주주의 정치와 공명하는 삶 속에서 살아간다. 나를 넘어선 정치적 연대는 허무주의의 위협으로부터 벗어날 가능성을 열어 줄 수도 있다.[11] 이것은 정치적 분열에서조차 그 아래에 놓여 있는 연대

11   Tracy Llanera, *Richard Rorty: Outgrowing Modern Nihilism* (Palgrave Macmillan, 2020) 참조.

를, 혹은 "자기의심으로서의 인간적 연대"를 인식한다는 것을 뜻한다.[12] 민주주의 정치란 그런 의견의 불협화음 속에서 우리의 정치를 발견하고 또 갱신하려는 노력이기 때문이다. 아마도 이것이 또 다른 방식으로 의미 있는 삶에 기여하는 정치라는 경험 아닐까.

---

12   리처드 로티, 『우연성, 아이러니, 연대』, 402쪽. 이 책의 3장도
      참조.

6장

환대의 한계 지점
—『사람, 장소, 환대』(2015)

> "우리가 사람이기 때문에 이 세상에
> 받아들여진 것인가 아니면 이 세상에
> 받아들여졌기 때문에 사람이 된 것인가?"[1]

어떤 개념을 끝까지 밀어붙이는 책을 철학책이라
고 말할 수 있다면, 문화인류학자 김현경의『사람,
장소, 환대』는 분명 철학책이다.

2015년 출간된 이 책은 사람과 환대 개념을
뿌리부터 재점검하고 재정의해 사회적 성원권의
의미를 독창적으로 재구성했다. 이 책이 평범한 독
자부터 지식인에 이르기까지 많은 사람들의 언어
에 영향을 미칠 수 있었던 것은, 이미 잘 알고 있다
고 생각하지만 실제로는 그 의미를 충분히 숙고하
지 않은 기본 개념들을 밑바닥부터 꼼꼼히 재구성
해 새로운 사회적 통찰을 이끌어 냈기 때문이다.

---

1   김현경,『사람, 장소, 환대』(문학과지성사, 2015), 25쪽.

제목에 등장하는 세 개념은 태아, 군인, 사형수, 주인과 노예, 외국인, 모욕과 굴욕, 우정, 사회, 공동체 등을 통해 의미의 경계가 다시 그어진다. 책의 내용에 감명받은 한 외국인에 의해 2020년 일본에서 번역 출간되기도 했는데, 인문사회과학 분야의 책에서는 드문 일이다.

다시, 환대?

사실 사람과 환대의 개념적 의미를 명확히 하고 거기서 사회적인 것의 의미를 찾아내겠다는 이 책의 문제의식 자체는 그리 새롭지 않다. 어떤 점에서는 다소 진부하게 느껴지기도 한다. 돌이켜 보면 이미 1980년대 중반 이후로 관용 혹은 환대 담론의 세계적 르네상스라고 할 만한 흐름이 등장했다. 다문화주의, 이주, 정체성과 차이 등이 사회 문제로 부상하면서 관용과 환대는 그런 문제를 풀 수 있는 유력한 대안으로 여겨져 왔다.[2]

최근에는 비평가 올리비아 랭이 "근 10년간 다시금 득세한, 분리와 분열과 거부를 초래하는 압

---

2   웬디 브라운, 이승철 옮김, 『관용』(갈무리, 2010), 18쪽 이하 참조.

도적인 정치적 명령을 바로잡을 확장과 개방의 능력"인 환대를 새롭게 요청했다.[3] 이렇듯 타자를 환대해야 한다는 정언명령을 정당화하고 옹호하려는 사상적 시도는 오래전부터 진보적 지식인들의 주요 과제였다. 아즈마 히로키가 말하듯 "표현은 다르더라도 모두 '타자를 소중히 하라'고 호소했다는 점"에서 의견의 일치가 있었다.[4]

그러나 오늘날 이 단순한 도덕적 명제는 점차 그 힘을 잃어버리고 있다. 극우적 포퓰리즘의 부상, 안티페미니즘의 등장, 국가 간 정치경제적 갈등의 증가, 노골적인 난민 혐오 등이 더 이상 일부 인터넷 커뮤니티에서 예외적으로 발견되는 현상이 아니라 현실 정치에서 세를 과시하고 있기 때문이다. 그렇다면 오늘날에도 과거처럼 그저 관용과 환대를 반복해서 부르짖는 것만으로 과연 충분한가를 고민하지 않을 수 없다. '타자와 함께하는 데 지쳤다'고 불만을 외치는 사람들 앞에서 어떻게 환대를 다시 설득력 있게 말할 수 있을까?

2장에서 다룬 아즈마 히로키의 『관광객의 철

---

3   올리비아 랭, 이동교 옮김, 『이상한 날씨』(어크로스, 2021), 19쪽.
4   아즈마 히로키, 안천 옮김, 『관광객의 철학』(리시올, 2020), 14쪽.

학』은 이 질문에 대한 하나의 답변을 제시한다. 김현경은『사람, 장소, 환대』에서 그와 또 다른 차원에서 이 문제적 상황에 응답한다. 당위적 명제나 개인의 의무가 되어 버린 환대를 한층 사회적이고 공공적인 의미를 지닌 개념으로 재설정하고, 나아가 근대 사회를 이루고 있는 규범적 토대에 이미 절대적 환대가 놓여 있음을 입증하고자 도전적으로 시도한다. 그 과정에서 이 책은 환대의 개념이 내포하는 어떤 역설('우리를 적대하는 사람도 환대할 수 있을까?')을 해결하려고 노력한다. 이렇게 저자가 말하는 환대의 이미지는 단순히 개인이 제공하는 사적인 환대에 머무는 것이 아니라 사회가 제공하는 공적인 환대로 변형되고, 인류의 구성원이면 누구에게나 주어지는 권리로까지 확장되기에 이른다.

김현경에게 환대란 "어떤 사람이 인류 공동체에 속해 있음을 인정하는 행위, 그가 사람으로서 사회 속에 현상하고 있음을 몸짓과 말로써 확인해 주는 행위"다.(229쪽) 시민적 도덕으로서의 환대를 다시금 전면에 부각하며 육성하려는 제안이다. 환대에 대한 여러 비판을 충분히 의식하면서도 한번 무너져 내린 타자론과 환대론의 이상을 다시 회복하는 일이 과연 가능할까? 찬찬히 따져 보자.

환대가 사람을 사람답게 만든다

이 책의 키워드인 사람, 장소, 환대는 맞물려서 서로를 지탱한다. 여기에서 이 개념들이 서로 맞물려 있다는 사실이 중요한데, 이를 통해 사람의 개념, 장소의 개념, 환대의 개념이 이전과 사뭇 달라지기 때문이다.

저자의 주장을 한마디로 말하자면 이렇다. "우리는 환대에 의해 사회 안에 들어가며 사람이 된다. 사람이 된다는 것은 자리/장소를 갖는다는 것이다. 환대는 자리를 주는 행위이다."(26쪽) 다시 말해 우리는 사람이기 때문에 이 사회에 받아들여진 것이 아니라, 오히려 이 사회에 받아들여졌기 때문에 사람이 된다는 것이 기본 생각이다. 환대 없이는 사람이 될 수도 없고 사회가 성립될 수도 없는 셈이다.

이 다소 도발적인 주장을 입증하기 위해 이 책은 태아, 노예, 군인, 사형수 등의 여러 예시로 사람의 경계가 어떻게 그어지는지를 살핀다. 태아는 인간이지만 사회 안에 들어오지 않았기에 사람으로 여겨지지 않는다. 노예는 온전한 사람이 아니라 물건으로 취급된다. 전쟁터에서 군인을 죽여도 사람을 죽인 죄는 성립하지 않는다. 사형수는 사회적 성원권을 박탈당했기에 더 이상 사람이 아닌 자, 즉 죽일 수 있는 존재다. 이와 같은 예시들은 인간과 사람이 같은 말이 아님을 보여 준다. 인간임이 자연적 사실의 문제라면, 사람임은 사회적 인정의 문제이자 사회적 성원권의 문제인 것이다. 사람이라는 것은 일종의 자격이며 타인의 인정과 환대를 통해서만 사람이 될 수 있다는 주장이 이렇게 확인된다.

그런데 우리를 환대하는 사회 안에서만 우리가 사람이 될 수 있다는 말은, 반대로 보면 우리를 사람대접 해 주지 않는 사회에서는 사람으로 인정받지 못한다는 뜻이다. 예를 들어 "나를 돼지라고 부르는 사람이 한 명뿐이라면, 나는 그를 무시해 버릴 수 있다. 하지만 하나둘 그에게 동조하는 사람이 늘어나고 마침내 나를 둘러싼 모든 사람이 나를 돼지라고 부르기 시작한다면, 나는 실제로 돼지가 된다."(108쪽) 물리적 폭력을 동반하지 않는 무시와 모욕이 사람들에게 문제가 되는 이유는 그런 말과 몸짓이 한 사람의 인격성을 부정함으로써 그를 사회 바깥으로 내모는 배제 행위이기 때문이다.

한 개인이 환대를 통해 사회로 들어와 사람이 되었다고 해도, 사회생활의 모든 순간에 다른 사람들로부터 사람대접을 받지 못한다면 그는 사람다움을 온전히 획득할 수 없다. 이 점에서 사람다움은 내 안에 있는 것이 아니다. 사람다움은 서로가 서로에게 사람대접을 할 때 비로소 존재하게 되는 어떤 것이라고 저자는 말한다.

이처럼 사람다움과 환대를 긴밀히 연관시킴으로써 배제와 낙인, 신분 차별과 일상적 모욕을 비판할 수 있는 실천적 입지점이 생긴다. 환대는 더 이상 주인과 손님의 문제, 즉 사적 개인이 다른 사적 개인에게 자신의 사적 공간을 개방하거나 개방하지 않는 문제에 국한되지 않는다. 봉건적 신분 질서가 해체되고 한 사회의 모든 구성원이 동등한 인격을 지닌 사람으로 나타나는 근대화 과정은 "그때까지 '사람대접'을 받지 못했던 사람들이 완전한 사회적 성원권을 획득하는 과정"으로 이해된다.(157쪽) 따라서 환대의 원리는 종교적이거나 개인적인 의무에 그치지 않으며 오히려 근대 사회의 기본 구성 원리, 즉 일상적 상호작용을 규제하고 우리의 도덕적·사회적 상상력의 토대가 되는 사회적 기본 규범이라고 저자는 지적한다. 현대 사회의 밑바탕에는 이미 환대 원리가 깔려 있으며, 법 앞에서의 평등만이 아니라 공적 공간에서의 의례적

평등이라는 강력한 규범적 힘이 우리 사회에 작동하고 있다는 것이다.

그러므로 환대는 단지 외국인들이 겪는 문제도 아니고 국경선과 관련된 문제도 아니다. 아동학대방지법, 거리를 떠도는 청소년과 노숙자를 위한 쉼터 마련, 집 없는 사람을 위한 주거 수당, 일자리 없는 사람을 위한 실업 수당 등이 환대의 다양한 형식이다. 저자 자신이 한 발표에서 말했듯 "환대라는 단어는 따뜻하고 착한 사람, 도덕적으로 선한 사람이 되어야 한다는 이미지를 주는 것 같은데, 환대는 공간 특히 도시와 관련된 개념이며 일정 부분 시민적 덕성과 관련된 개념"이다.[5]

다시 말해 환대는 특별히 더 도덕적이거나 더 따뜻한 사람이 되라는 요구가 아니라, 공간과 도시에 대한 공적인 접근권을 개방하는 문제이며 일상에서 마주하는 사회 구성원들에게 적의 없음을 드러내는 작은 몸짓이자 시민적 도덕에 가깝다는 이야기다. 이 점에서 보면 모든 사람은 한 사회의 구성원으로서, 나아가 인류 사회의 구성원으로서 환

---

5   서울시 마을공동체 온라인 뉴스레터 『서울마을이야기』 71호, 2018년 10월 31일.

대받을 권리를 원초적으로 갖고 있다. 바로 김현경이 말하는 절대적 환대의 권리다.

마지막으로 저자가 이 책을 쓰게 된 계기 중 하나로 새로운 신분주의의 등장을 꼽는다는 점을 생각해 보자.[6] 새로운 신분주의란 학교, 시장, 주거 등에서 계층적인 분리가 뚜렷해지고 부자와 이등 시민 사이에서 일종의 신분적 구분이 나타나는 불평등한 사회 현상이다. '휴먼거지'나 '벼락거지'와 같이 빈자를 경멸하는 언어가 범람하는 요즈음 상황을 떠올려 보라.

저자는 근대화 과정이 달성한 사회적 평등주의의 성과가 오늘날 신자유주의의 모순에 의해 점차 해체되고 있다고 진단한다. "신자유주의의 모순은 상호작용 질서의 차원에서 (즉 상징적으로) 모든 인간의 존엄성을 주장하면서, 구조의 차원에서 사람들에게서 자신의 존엄을 지킬 수단을 빼앗는다."(161쪽) 결국 『사람, 장소, 환대』에서 환대 개념을 되살리고자 하는 것은 현대 사회에 내재된 환대의 기본 원칙이 무너지고 있는 현재의 사회상을 비

---

6 『사람, 장소, 환대』의 일본어판 서문 참조. 새로운 신분주의에 대한 분석 및 비판은 『사람, 장소, 환대』의 4장 '모욕의 의미'에서 제시된다.

판하고 연대체로서의 사회상을 회복하려는 시도의 일환이다. 김현경은 작지만 강력한 원칙을 통해 사회의 해체와 새로운 신분주의의 등장에 저항하고, 그럼으로써 누구도 굴욕과 모욕을 당하지 않는 품위 있는 사회를 지향한다.[7]

쉬운 환대와 어려운 환대

『사람, 장소, 환대』는 우리가 종종 잊어버리는 환대의 기본 원리를 재조명함으로써 사람다움의 사회적 의미를 다시 생각하게 하고 이를 통해 사회 문제에 비판적으로 개입할 수 있는 유용한 개념적 도구를 제공한다. 실제로 이 책을 읽은 많은 사람들은 여기에서 제시된 환대 개념에 따라 우리 사회의 환대 부족을 비판하고 더 많은 공공적 환대를 요구했다.

그런데 더 많은 환대의 요구가 우리 사회에 절

7   품위 있는 사회라는 표현은 철학자 아비샤이 마갈릿이 동명의
      책에서 제안한 개념이다. 아비샤이 마갈릿, 신성림 옮김, 『품위
      있는 사회』(동녘, 2008) 참조. 김현경의 환대 기획은 정치경제
      적 평등에 머물지 않고 모욕과 굴욕 없는 사회, 상징적 시민권
      의 보장, 환대와 존중이 기본 원칙으로 확립된 연대체로서의 사
      회를 지향한다는 점에서 마갈릿의 기획과 궤를 같이한다.

실히 필요한 시민적 덕목인 것은 사실이지만, 실제 현실에서 환대는 그렇게 쉬운 문제가 아니다. 이 책에서도 그리고 이 책의 수용 과정에서도 환대의 어려움과 정면으로 마주하는 논의는 그리 많지 않았다. 개인의 사적인 환대에서 사회의 공적인 환대로 그 초점을 바꾼다고 해서 환대라는 문제 설정에 들어 있는 역설과 딜레마가 해소되는 것은 아니다. 환대는 거저 얻어지지 않으며, 또 아무런 노력 없이 제공되지 않는다. 무조건적 환대를 구호로 외치기는 쉽지만 그 무조건성의 토대를 지탱하고 그 실제적 효과를 감당하는 것은 과연 누구의 몫일까?

이렇게 말해 보면 어떨까. 우리에게는 쉬운 환대와 어려운 환대가 있다. 예를 들어 관광객을 환대하는 것과 난민을 환대하는 것은 현실에서 같은 층위의 문제로 여겨지지 않는다. 동료 시민, 외국인 관광객, 어린아이를 환대하는 것과 성소수자나 장애인을 비롯한 이등 시민으로 여겨지는 사람들, 세계 각지에서 오는 난민들, 반사회적 행위를 저지른 소년범죄자들을 환대하는 것은 결코 같은 일이 아니다.

공적인 환대는 무조건적인 개방과 관용의 문제가 아니라 우리라는 경계 자체를 부단히 재구성하는 정치적 협상과 타협의 문제에 가깝다. 그 어떤 절대적 환대도 논쟁과 토론 없이, 인정투쟁 없이 가능하지 않다. 환대의 범위는 변동 가능하지만 그 범위가 미리 정해져 있는 것은 아니다. 그래서 환대는 자주 정치적인 문제가 된다.

장애인 활동가들이 장애인의 보편적 이동권을 보장받기 위해 출근 시간 지하철에서 시위하는 행동을 생각해 보자. 장애인 활동가들은 자신들의 행동이 출근길 시민들에게 피해를 줄 수 있음을 잘 알지만 그럼에도 시위를 한다. 시민들에게 피해를 주기 위해서가 아니라 그런 불편을 끼치는 과정을 통해서 자신들의 문제적 상황을 알리고자 하는 것이다. 저자가 말하는 환대라는 근대 사회의 기본 원칙을 생각한다면 우리는 이동권을 요구하는 장애인들을 무조건 환대해야 마땅하다. 그러나 실제 현실의 많은 사람들은 출근길 시민들의 발목을 잡고 시민들을 볼모로 삼아 자신들의 권리 주장을 일방적으로 제기하는 이기적인 행위라고 비난을 퍼붓곤 한다.

이 곤란한 상황에서 흥미로운 점은 '죄 없는 시민들', 즉 장애인들에게 환대를 베푸는 위치에 있는 비장애인들이 장애인들의 지하철 시위로 인해 주인(host)의 자리에서 내려와 일종의 인질(hostage)이 된다는 점이다. 출근길 지하철에서 시위하는 장애인 활동가들이 비난받는 근본적 이유는 그들이 주인의 환대를 조용히 수용하는 공손한 손님에 머물지 않고 주인을 볼모로 잡고 더 많은 환대를 요구하는 배은망덕한 손님이기 때문이다. 이로써 일시적으로 주인과 손님의 관계가 역전되는 기묘한 상황이 연출된다. 그러니 강제로 인질이 되어 버린 주인의 불만이 이해 못할 것은 아닌지도 모른다.

주인과 손님의 관계가 역전되는 상황 속에서 우리는 환대의 의미, 환대의 어려움의 의미를 다시 생각하게 된다. 이 경우처럼 환대가 비록 적대는 아닐지라도 일종의 걸림돌로 전환될 때, 즉 제한된 환대를 조용히 수용하는 데 그쳐야 할 손님인 장애인이 출근길의 발목을 잡는 걸림돌이 될 때 환대는 하나의 정치적 문제다. 무엇이 올바른 시위의 방법인지, 어디까지 환대를 요구할 수 있는지, 시위하는 장애인을 비난하는 사람은 정당한지, 정말로 우리는 죄 없는 시민인지 등을 놓고 서로 다투게 되고, 투쟁하거나 협상하게 되고, 자신의 이해관계를 곰곰이 따져 봐야 할 그런 문제다. 쉬운 환대가 어려운 환대로 바뀌는 지점이다.

그렇다면 환대는 더 이상 다수자가 소수자를 배려하는 일이라고만 말할 수 없다. 왜냐하면 장애인 활동가들은 자신들이 공통적 시민권을 가진 동료 시민임을, 같은 대우를 받아야 할 동료 시민임을 주장하고 있기 때문이다. 그들은 장애인의 권리를 앞세우는 것이 아니라, 장애인이든 아니든 모든 교통약자의 이동권이 공통적으로 보장되어야 한다고 입 모아 말한다. 같은 저상버스를 타고, 같은 지하철을 타고, 같은 도시 환경을 이용할 수 있는 보편적 이동의 권리를 동료 시민의 이름으로 동료 시민에게 요구하고 있는 셈이다.

『사람, 장소, 환대』에서 말하는 절대적 환대라는 무조건적 요구가 나의 개입, 나의 책임, 나의 행위와 분리된 채 그저 사회가 제공해야 하는 공공성의 중립적인 문제로만 남을 때 오히려 환대는 신성하지만 무책임한 것으로, 나와는 아무런 상관이 없는 일로 남게 될 위험에 처한다. 우리 자신이 환대를 제공하는 당사자로서 나의 시간, 체력, 편리 등 내가 가진 것을 놓고 조정할 준비가 없다면, 누구에게나 쉬운 환대가 아니라 내게 어려운 환대를 몸소 감당할 마음이 없다면, 진정한 의미의 환대는 불가능하다. 환대는 우리 자신의 내적인 재구조화를 필연적으로 요구하는 일이기도 하기 때문이다.

앞서 우리는 이졸데 카림의 『나와 타자들』을 이야기하면서 다원화 사회에서 정체성의 재형성 문제를 살펴봤다. 오늘날 사회의 다원화가 우리의 정체성에 끼치는 거부할 수 없는 영향을 고려해 보면, 많은 사람들이 타자들의 환대를 거부하는 이유 역시 인식할 수 있다. 다원화가 가져오는 정신적 삶의 재구조화, 삶의 방식의 재구조화를 견디기 어려운 것이다. 나의 정체성이 상대화되고, 타인의 정체성을 더 많이 배려해야 하는 다원화 사회의 상황은 우리에게 시시각각 어려운 환대를 요구한다. 모든 다원화된 삶의 무대들이 이중화되는 것, 즉 다원화의 형태만큼이나 그에 대응하는 수많은 방어 형태가 출현하는 것은 이렇듯 환대의 어려움에서 기인한다고 볼 수 있다.

결국 구체적인 환대는 지하철 출근길에 발목 잡히는 상황을 감수할 수 있는 데서 시작된다. 환대는 더 많은 공공성을 요구하는 일인 동시에 그러한 함께 살기에서 비롯되는 우리의 불편함을 책임 있게 감당하는 일이기도 하기 때문이다. 그러나 실제로는 이와 반대되는 사례들이 점차 많아지고 있는 것 같다. 예를 들어 여성의 환대를 주장하는 페미니스트들조차 그 일부 급진적 분파에서는 생물학적 여성의 이름 아래 난민과 트랜스젠더를 배제하는 데 동참한 적이 있다.[8] 이를 일부 엇나간 사람들의 문제로 볼 수도 있겠지만, 내게는 이것이 우리가 사는 세상 자체가 점점 더 정체성의 권리를 요구하는 일에만 매몰되고 정작 나와 다른 정체성을 지닌 사람이나 집단의 환대를 감당하는 일에는 눈길을 돌리지 않기에 일어나는 일로 보인다.

만약 환대가 자기 정체성의 권리를 요구하는 수준에만 머문다면 이 개념은 더 이상 정의로울 수 없을 것이다. 철학자 자크 데리다는 "절대적 환대의 법은 권리의 환대와 결별할 것을, 권리로서의 법 또는 정의와 결별할 것을 명령한다."라고 말한다.[9] 물론 데리다 자신이 말하듯 절대적 환대의 법을 우리 현실에서 완전하게 실현하는 것은 불가능하다. 데리다의 논의를 해설한 철학자 페넬로페 도

---

8   이 문제에 대한 설명으로는 다음 논문을 참조. 전의령, 「타자의 본질화 안에서의 우연한 연대: 한국의 반다문화와 난민 반대의 젠더정치」,《경제와사회》제125호(2020). 전의령이 적절히 지적하듯 이제 "'연대'는 '다수자로서 국민'이 '소수자로서 난민'이 처한 상황에 공감하고 환대하는 식의 기존의 다수자-소수자 모델에 더 이상 머물러 있어서는 안 된다."(395쪽)

9   자크 데리다, 남수인 옮김, 『환대에 대하여』(동문선, 2004), 71쪽.

이처는 이렇게 설명한다. "불가능한 더 커다란 관대함은 조건적 환대라는 우리의 행위 속에서 깃들어 있다. …… 불가능성이 어떠한 '일'도 수행하지 않는 것이 아니다. 그것은 나를 중재하고, 내 정체성의 복합성에 기여하는 것이다."[10]

요컨대 우리가 어떤 조건적이고 제한적인 환대의 가능성을 이야기할 때 우리는 이미 항상 그 제한 조건을 넘어선 환대의 불가능성에도 관여할 수밖에 없다. 이를 통해 제한된 환대만이 아니라 그 문턱을 넘어선 더 큰 환대를 상상하게 되고, 실제로 어떤 사람들은 환대를 넘어선 환대를 요구하기도 한다.

쉬운 환대 속에는 이미 어려운 환대의 가능성이 잠재되어 있다. 제한된 환대와 함께, 그 제한된 환대를 넘어서기. 따라서 우리는 제한된 환대를 넘어설 수 있는 환대, 환대를 넘어선 환대를 항상 생각해야 한다. 쉬운 환대만이 아니라 어려운 환대를 늘 다시 고민해야 하는 이유다.

---

10 페넬로페 도이처, 변성찬 옮김, 『HOW TO READ 데리다』(웅진지식하우스, 2007), 7장 참조.

환대와 함께, 환대를 넘어서

여기에서 이렇게 되물어 볼 수도 있다. 절대적 환대든 어려운 환대든 어쨌든 그러한 환대들은 너무나 이상적인 개념이지 않을까? 실제 현실에서 그런 어려움을 감내할 수 있는 사람이 과연 얼마나 될까? 출근길 지하철에서 장애인 활동가들 때문에 매번 회사에 지각한다면 나의 권리는 어떻게 지킬 수 있을까?

그렇다. 어느 사회에나 어느 사람에게나 환대의 문턱이 존재한다. 모든 난민을 아무런 조건 없이 수용하는 국가도 없고, 모든 사람들이 온전하게 사람대접을 받는 유토피아적 장소도 없다. 우리는 언제나 특정한 조건을 충족시키고 특정한 윤리적 규범에 맞게 사람처럼 행동해야만 사람대우를 받는다. 실제로 우리는 종종 "사람대접을 받으려면 '사람답게' 행동해야 한다."라고 말한다. 여기에서 사람답게 행동해야 한다는 도덕적 권력의 요구는 사람다움과 환대에 선행하는 것처럼 보인다. 사람다움이 일종의 자격으로서 타인의 인정과 환대를 필요로 한다면, 거기에는 특정한 현실적 자격 요건이 따라붙게 될 것이다.

이렇듯 하나의 사회가 온전히 성립하려면 환대의 조건만이 아니라 우리의 행동 방식을 규제하는 권력의 조건도 필요하다. 게다가 우리에게는 환대하고 환대받을 권리만 있는 것이 아니라 특정한 상황에서 환대를 거부할 권리, 즉 타인의 자유를 파괴하는 사람을 사회에서 추방할 권리도 있다. 이 점에서 보면 환대와 권력은 서로 얽히고설켜 있다.

철학자 주디스 버틀러는『권력의 정신적 삶』에서 다음과 같이 말한다. "우리가 푸코를 따라 권력을 주체를 '형성'하는 것으로 이해한다면, 즉 주체의 존재 조건과 주체의 욕망의 궤적을 제시하는 것으로 권력을 이해한다면, 이제 권력은 단순히 우리가 겨뤄야 할 것이 아니라 존재하기 위해 우리가 의지해야 하는 것, 우리의 존재 안에 품고 보존해야 할 것이 된다."[11] 이처럼 사회적으로 인정받는 한 사람의 주체가 된다는 것은 그 사회의 도덕규범을 자신 안에 품고 보존하는 것이자 나아가 그에 종속되고 예속되는 과정이기도 하다.

---

11   주디스 버틀러, 강경덕·김세서리아 옮김, 『권력의 정신적 삶』
      (그린비, 2019), 11~12쪽.

환대와 공존 같은 좋은 말을 우리가 아무런 유보나 비판 없이 사용할 수 없는 이유가 여기에 있다. 우리가 결코 모든 것을 환대할 수 없다면, 그렇기에 우리의 환대가 언제나 제한되고 조건 지어진다면, 우리는 자신이 그 환대의 경계 위에서 그 경계를 부지불식간에 옹호하고 있음을 자각해야 한다. 그 위치를 망각하고 우리 시대의 좋음만을 보아서는 안 된다. 우리의 시선은 그 좋음이 어떻게 숨어 있는 도덕적 배제를 정당화하는지를 인식하는 쪽을 향해야 한다.

이 점에서 우리에게 필요한 환대의 태도는 경계의 무자각도, 경계의 완전한 개방도 아니다. 그런 것은 애초에 불가능하다. 절대적 환대를 꿈꾸기보다 우리가 세한된 환대 위에 서 있다는 분명한 인식, 경계의 희생자에 대한 주목, 그리고 그 제한된 환대를 확장하려는 마음이 긴요하다.

철학책 독서 모임에서 『사람, 장소, 환대』에 대해 이야기했을 때 동료 편집자들은 이 책에서 이야기하는 절대적 환대 개념이 가진 기본적인 난점을 나와 비슷하게 이야기했다. 절대적 환대의 논의가 이해하기 쉽고 공감하기 좋은 사유이면서도 일정한 한계를 가질 수밖에 없는 이유는 환대와 폭력의 공모 바깥에서 순수한 환대를 찾기 때문이다.

사회의 기본 조건으로 절대적 환대로서의 환대를 말하는 것은 마치 권력과는 무관한, 권력 바깥에 있는 어떤 초월적 조건을 따로 떨어뜨려 놓고 말하는 것과 같다. 여기에서 어떻게 기본적인 폭력성의 문제를 대면할 수 있을까? 절대적 환대에 대한 믿음만으로 다른 사람의 불편함을 견뎌 낼 수 있을까? 실제 현실의 고민을 이야기하려면, 우리가 타자를 파괴할 수도 있고 또 타자에 의해 파괴될 수도 있다는 폭력의 불가피한 관계성 속에서 우리의 비폭력 의무에 주목해야 할 것이다.

제한된 환대의 문제는 일상에서 살펴볼 수도 있다. 문학편집자 김영준은 한 칼럼에서 환대와 우정을 둘러싼 흥미로운 일화를 하나 들려 준다.[12] 프랑크푸르트 도서전에서 김영준은 프랑스 저자의 초대로 각국 출판사 사람들이 모인 저녁 자리에 참석하게 된다. 프랑스 말을 못하는 그를 배려해서 프랑스 출판사 사람들은 모두 영어로 이야기를 한다. 그런데 어느 남유럽 편집자가 들어와 굳이 영

12   김영준, 「타자가 들어온 방에서」, 《한겨레》, 2019년 4월 26일.

어로 말을 거는 시도를 무시하며 아는 사람들과 프랑스어로 대화하기 시작한다.

이 일화를 회고하면서 김영준은 그 남유럽 편집자가 '영어 연극'을 왜 해야 하는지를 이해하지 못한 채 "이 세상을 친구가 모인 놀이터, 확장된 동문회장으로" 여겼음을 깨닫는다. 그것은 마치 "다른 사람과 이야기 중인데 갑자기 나타나서는 추억과 사적인 농담을 늘어놓으며 나를 만난 회포를 푸는 친구"나 "공식 지면에서 지도 교수를 '선생님'이라 부르며 사적인 언어로 인터뷰나 서평을 진행하는 대학교수"와 같은 흔히 일어나는 일들의 한 사례였다는 것이다.

국제도서전 뒤풀이의 일화는 친구나 지인에 대한 서슴없는 환대가 같은 공적 공간에 있는 타자에게는 배제의 압력으로 작용할 수 있다는 것을 보여 준다. 한국 사회 전반에서 이런 일이 자주 일어난다는 건 우리가 익히 알고 있는 바다. 실제로 너무 좁은 한국의 출판 '동네'에서도 이런 일이 비일비재하다. 선배와 후배끼리 서로 각종 출판 상을 주고받는 와중에 그러한 그룹에 끼지 못하는 타자는 없는 셈 치는 것이 그 한 가지 예다. 공적 공간에서 우리 편, 잘 아는 사람을 타인보다 더 배려하는 우정은 실상 타자가 없는 척하는 것이 된다는 점을 기억해야 한다.

결국 모든 우정과 환대가 언제나 선이라고 말할 수 없다. 모든 사람들에게 동등하게 제공할 수 없는 이상 우정과 환대는 늘 제한적일 수밖에 없다. 따라서 중요한 것은 모든 곳에 아무런 성찰 없이 적용될 수 있는 순수한 도덕 이념만을 부르짖는 것이 아니라 실제로 누가 포함되고 누가 배제되고 있는가를 구체적으로 살펴보면서 자신의 위치를 자각하는 데 있다. 모든 환대의 문제는 나로부터 다시 시작할 수밖에 없는 것이다. 그래서 나는 절대적 환대보다 오히려 작은 연대가 우리에게 더 필요한 동시대적 환대의 감각이라고 생각한다.

그런 작은 연대의 시작은 철학자 리처드 로티가 말했듯 이미 기다리고 있는 어떤 것을 철학적 반성으로 재발견하는 일이 아니라, 낯선 사람들을 우리와 같은 사람들로 여기는 상상적 동일시를 통해 우리를 재창조하는 일이다. 그 점에서 모든 환대의 순간, 쉬운 환대를 넘어서는 어려운 환대의 순간은 그것이 아무리 규모가 작다고 하더라도 사회가 재창조되는 순간이라고 할 수 있을지 모른다. 사회학자 가브리엘 타르드가 말했듯 "우리가 무한소라고

말하는 이 작은 존재들이야말로 진정한 동인일 것
이며, 우리가 무한히 작다고 말하는 이 작은 변화야
말로 진정한 행위일 것"이다.[13]

13 가브리엘 타르드, 이상률 옮김, 『모나돌로지와 사회학』(이책,
    2015), 28~29쪽.

3부 새로운 연결을
만드는 방법

"내가 내리는 인류학의 정의는
사람 속에서 사람과 함께하는 철학이다.
인류 역사상 지금보다
이런 철학이 더 필요했던 때는 없었다."

—팀 잉골드

7장

어색한 관계의 생산성
—『부분적인 연결들』(2019),
『해러웨이 선언문』(2019)

> "관점은 이론적인 판단을 의미하지 않는다.
> '방식/태도'는 삶 자체이다. 라이프니츠는 이미 우리에게
> 사물들에 대한 관점들은 없었으며 다만 사물들,
> 존재들이 관점들이었을 뿐임을 가르쳐 주었다." [1]

모든 책의 출판은 가까이서 보면 우연의 결과이지만, 멀리서 보면 어떤 필연과 반복이 작용하는 것 같다.

2019년 7월에 도나 해러웨이의『해러웨이 선언문』이 번역 출간되고 나서 불과 몇 달 시나지 않아 같은 해 11월에 메릴린 스트래선의『부분적인 연결들』이 번역 출간되었다. 이 두 책이 지니는 철학적 연관성을 고려한다면 이는 예사로운 일이 아니었다. 영국의 인류학자 메릴린 스트래선과 미국의 과학기술학자 도나 해러웨이는 1940년대에 태어난 동 세대 연구자로서 서로의 작업을 지지하고

---

1   질 들뢰즈, 이정우 옮김, 『의미의 논리』(한길사, 1999), 295쪽.

서로에게 영감을 받으며 스스로의 이론과 철학을 정교화한 학자들이기 때문이다.

해러웨이에 비해 스트래선이 국내에 널리 알려져 있지 않기에 두 사람의 지적인 교류 관계는 주목받지 않았지만, 둘의 관계는 사소하지 않다. 어떤 점에서 보면 그들 자신의 이론적 핵심에 서로의 이론적 핵심이 겹쳐져 있다고 말할 수도 있다. 일종의 지적인 쌍둥이 같다고나 할까. 게다가 두 사람이 만들어 온 각자의 이야기는 어떤 지점에서 교차되기도 하며, 그 뒤로 각자의 방식에 따라 비슷하지만 서로 다른 두 가지 버전의 이야기가 되어 펼쳐져 나가기도 한다.

해러웨이와 스트래선은 어떻게 "하나는 너무 적지만 둘은 너무 많다."(해러웨이, 77쪽)라는 의미에서 하나도 둘도 아닌 기묘한 관계를 이루게 되었을까? 이 둘 사이의 기묘한 관계를 들여다보면서 두 학자가 탐구해 온 '관계'의 기묘함에 대해 생각해 보자.

인류학과 페미니즘의
어색한 관계

이야기 하나. 인류학자 메릴린 스트래선이 영국의 사회인류학이라는 분과 영역을 넘어 다른 학문 공론장에 본격적으로 인용되고 활용된 것은 1984년 무렵 열린 몇 차례 강연에서 그가 인류학과 페미니즘의 어색한 관계를 논했기 때문이었다. 인류학자 스트래선이 인류학이라는 제약을 넘어 그 바깥에서 인류학을 볼 때, 그와 동시에 페미니즘이라는 제약을 넘어 그 바깥에서 페미니즘을 볼 때 뭔가 특별한 일이 일어났다.[2]

스트래선은 페미니즘과 인류학 사이의 어색함을 문제시하고 이 어색함 자체를 파고들어야 한다고 주장한 최초의 페미니스트 인류학자였다. 이러한 독창적인 주장은 인류학과 페미니즘 연구 양쪽

2　그 전에도 스트래선은 이 주제에 관해 여러 작업을 했지만 1984년 무렵에야 공개 강연을 통해 연구 결과를 발표할 수 있었다. 강연은 호주와 미국의 여러 대학에서 이어졌으며 강의록은 다음의 글에 정리되어 있다. Marilyn Strathern, "Dislodging a World View: Challenge and Counter-Challenge in the Relationship between Feminism and Anthropology," *Australian Feminist Studies* Vol.1 no.1(1985).

에 큰 영향을 미쳤다.

　왜 페미니즘과 인류학이 어색한 관계를 맺게 되는가? 서로의 관점 차이 때문이다. 예컨대 페미니스트 인류학이 인류학이라는 학문의 진전에 기여하는 인류학의 하위 분야라고 한다면('온갖 꽃들이 필 수 있게 하자'는 식으로), 인류학적 페미니즘은 인류학에 꽃을 보태는 것이 아니라 제발 다른 밭에서 일하라고 부르짖는 페미니스트 운동에 가깝다.[3] 스트래선은 이처럼 완전히 동화되지도 완전히 분리되지도 않는 어색한 관계 속에서 일종의 생산성을 발견한다. 그러한 관계는 불완전하고 파편적인 경험에 불과한 것이 아니라, 서로 다른 관점들을 대결시킴으로써 전체로 환원되지 않는 '부분들 사이의 관계'라는 새로운 분석의 시야를 열어 준다는 것이다. 이 독특한 생각은 스트래선이 현장 연구한 멜라네시아 사람들의 삶의 방식과 공명을 일으키면서 이후 한층 더 생산적인 결과물을 여럿 낳게 된다.

　이야기 둘. 생물학 박사 과정에 재학 중이던

3　폴 라비노, 이기우 옮김, 「사회적 사실로서의 표상」, 『문화를 쓴다』(한국문화사, 2000), 413쪽 이하 참조.

도나 해러웨이는 생물학 실험실에서 '진정한 생물학자'가 되는 것이 그리 끌리지 않는 일이라고 생각하고 있었다. 당시 해러웨이는 생물학에서 어떤 은유들이 사용되는지를 연구하는 과학사 작업에 관심이 있었다. 그래서 생물학 바깥에서 생물학을 연구하는 과학기술학으로 연구 분야를 옮겼지만 그곳에서도 완전히 만족할 수는 없었다. 과학을 성찰적으로 바라보는 과학기술학 연구에서도 여성의 관점이나 백인이 아닌 다른 인종의 시각은 제대로 고려되지 못하고 있었기 때문이다.

그 뒤 해러웨이는 주요 페미니즘 저널에 영장류와 젠더, 생물학과 인종 등에 대한 도발적인 페미니스트 과학기술학 논문들을 차례로 발표했고, 인문학과 사회과학 분야에서 분과 연구의 경계를 횡단하며 새로운 문제를 제기하는 젊은 학자들을 발굴하고 있었던 캘리포니아 대학 산타크루스 캠퍼스에 자리를 잡게 된다. 1980년대부터 그는 이 학제적 연구의 터전에서 과학기술학, 페미니즘, 비판이론, 인종 연구 등을 결합해 길을 부수고 동시에 새롭게 길을 만드는 독특한 학자적 이력을 시작하게 된다.[4]

이상의 이야기들에서 쉽게 알 수 있듯 스트래

선과 해러웨이는 분과 학문들을 넘나들면서 교차적 연구를 수행해 온 학자들이다. 스트래선이 민족지학, 인류학, 페미니즘을 교차시킨다면, 해러웨이는 영장류학, 과학기술학, 페미니즘을 교차시킨다. 이들은 이 어색한 관계들이 만들어 내는 불확실성과 불완전함이야말로 오히려 새로운 방식의 소통과 확장을 가능케 하고 또 다른 가능성을 개방한다는 점에 주목한다.

더구나 이 두 사람은 서로를 교차 참조하기도 한다. 해러웨이의 유명한 선언인 「사이보그 선언」은 스트래선의 실험적인 책 『부분적인 연결들』에 주요하게 활용되고, 거꾸로 『부분적인 연결들』은 해러웨이의 또 다른 선언인 「반려종 선언」에서 주요한 논거이자 방법론으로 활용되는 식이다.

이 장에서는 이 두 명의 사상가를 교차적으로 독해한다는 다소 무모한 과제에 도전해 보려 한다. 이들의 사상을 잘 알아서라기보다는 이들의 흥미로운 사유 행보에서 우리가 배울 점이 많다고 보기 때문이다. 이들은 특정한 학문 분과의 안과 밖에서,

---

4   조지프 슈나이더, 조고은 옮김, 『도나 해러웨이』(책세상, 2022), 20쪽 이하 참조.

페미니즘 정치의 안과 밖에서 연결과 관계를 새롭게 사유할 수 있는 길을 모색해 왔다. 무엇보다 이들이 항상 경계들이 맺는 어색한 관계의 생산성에 민감했다는 사실에 주목하자. 스트래선은 인류학이 관계를 묘사하고 서술하고 연구하는 것이라고 말했다. 관계를 연구하는 이 둘의 관계를 살펴보면 우리의 관계에도 무엇인가 흥미로운 관계가 생길지도 모른다.

「사이보그 선언」에서 시작하는
첫 번째 이야기

「사이보그 선언」과 『부분적인 연결들』의 주요 대목을 같이 읽으면 해러웨이와 스트래선의 문제의식이 어떻게 연관되어 있는지 세밀하게 이해할 수 있다. 특히 '부분적 연결'이라는 단어가 어떻게 오가는지 살펴보면 해러웨이의 「사이보그 선언」(1985)에서 스트래선의 『부분적인 연결들』(1991)로, 다시 해러웨이의 「반려종 선언」(2003)으로 이어지는 소용돌이 같은 패스의 반복을 직접 확인할 수 있다. 우선 「사이보그 선언」부터 살펴보자.

　캘리포니아 대학에 임용된 해러웨이는 1982년

에 한 좌파 잡지로부터 사회주의 페미니즘에 대한 최근의 생각을 써 달라는 청탁을 받는다. 그 시기는 보수주의자 로널드 레이건 대통령이 집권하던 때였고, 사이버네틱스 정보 기술과 군사 기술을 결합해 소련의 핵미사일을 요격한다는 일명 '스타워즈' 계획이 미디어의 관심을 끌고 있던 시대였다. 다른 한편 백인 페미니스트들이 여성들 내부의 인종적, 계급적 차이를 무시해 왔다는 비판이 제기되던 시절이었고, 고도화된 과학기술과 결부되어 새로운 형태의 여성적 직업들, 예컨대 전 세계 전자산업 공장에서 일하는 '집적회로 속의 여성들'이 생겨난 시기이기도 했다. 과학기술과 정치경제 그리고 여성의 노동이 결합하면서 과학기술의 악용, 여성성의 미래에 대한 우려가 커지고 있었다.

이런 시대적 배경 속에서 해러웨이가 1985년에 발표한 「사이보그 선언」은 제국주의, 자본주의, 군사주의라는 짐승의 뱃속에서 태어난 사이보그의 형상을 두려워하거나 배척하기보다 그 오염된 출발점 위에서 새로운 대안을 모색하자는 주장을 제시해 큰 충격을 주었다. 한 대담에서 해러웨이가 말하듯 우리는 "문제로 가득한 세계를 시작점으로 삼아 자신의 의미를 마련해야만" 한다는 것이 해

러웨이의 기본 태도다.[5]

왜 사이보그가 문제인가? 사이버네틱 유기체
(cybernetic organism)의 앞 글자를 딴 사이보그(cy-
borg)는 개조 인간 혹은 개조 생명체를 뜻한다. 당
시 사이보그는 기계와 유기체의 잡종으로 순수한
인간성, 순수한 여성성의 가치를 침해한다고 여겨
져 두려움의 대상으로 취급되었다. 그러나 과학기
술의 산물들이 사회 속으로 들어와 사회적 현실 자
체를 재구성하고 있음을 고려한다면 그와 같이 두
려움에 휩싸인 반응은 너무나 수동적인 태도였다.
반면 해러웨이는 우리 자신이 언제나 불순하고 모
순된 혼종적 존재였음을 지적하면서 과감히 선언
한다. "사이보그는 우리의 존재론이며, 정치는 여
기에서 시작된다."(해러웨이, 19쪽)

이처럼 사이보그라는 관점에서 보면 인간이라
는 집합적 범주도, 여성이라는 더 작은 범주조차도
그 안에 놓여 있는 다층적이고 얽히고설킨 관계를
충분히 드러내지 못한다. 1장에서 살펴본 『나와 타
자들』의 2세대 개인주의 논의처럼, 차이를 통해 정
체성을 인정받고자 했던 20세기 말 신사회운동의

5   조지프 슈나이더, 앞의 책, 110쪽.

흐름은 스스로가 부르짖는 바로 그 고정된 정체성에 매몰될 수 있는 한계 또한 품고 있었다.

「사이보그 선언」에서 해러웨이는 당대의 사회주의 페미니즘과 래디컬 페미니즘이 본질주의로 빠져드는 경향을 비판한다. 그리고 사이보그 형상에서 총체적 설명이나 범주로 환원되지 않고 각 집단과 각 입장이 내세우는 관점들 사이에서 부분적 연결을 추구하는 대안적 가능성을 발견한다.

해러웨이의 사이보그는 과학기술과 인간, 과학기술과 여성 사이에서 형성되는 불균형한 결합체를 상징하는 메타포일 뿐 아니라 하나의 총체성을 구성하지 않는 연결, 곧 조화롭지 않고 어딘가 어색한 연결의 메타포이기도 하다. 해러웨이가 다른 글에서 명시적으로 말하듯 "나의 희망은 사이보그가 적대적 대립, 기능적 통제, 또는 신비한 융합에 의해서가 아니라 부분적 연결에 의해서 차이를 관계시키는 것이다."[6] 이렇듯 부분적 연결이라는 말을 하나의 개념어로 처음 사용한 것은 해러웨이였다.

6   Donna Haraway, "Primatology Is Politics by Other Means," *Feminist Approaches to Science*, Ruth Bleier (ed.)(Pergamon Press, 1984), p.86.

『부분적인 연결들』로 이어지는
두 번째 이야기

인류학자 스트래선은 어째서 이 도발적인 사이보그 형상을, 그리고 부분적 연결이라는 관계를 인류학의 영역으로 들여오게 되었을까? 스트래선이 1991년에『부분적인 연결들』을 출간했을 무렵의 배경 상황에서 그 답을 찾을 수 있다. 이 책은 당시의 논쟁에 대한 하나의 응답이었기 때문이다.

　　『부분적인 연결들』의 첫 문장은 이렇게 시작한다. "이 책의 내러티브는 내러티브에 관한 질문의 응답으로서 조직되었다."(스트래선, 26쪽) 여기에서 이야기하는 내러티브 문제는 당시 인류학이 포스트모더니즘의 폭풍 속에서 직면해야 했던 난제를 의미한다.

　　본래 인류학은 제1세계의 인류학자가 문자 없는 사회 속에서 오랜 기간 현장 연구를 하고 그들의 삶에 관한 민족지 내러티브를 구성해 그들의 사회를 객관적으로 재현하는 것을 목표로 삼았다. 그러나 그 재현의 저자가 어디까지나 서구의 인류학자인 이상 완전무결한 재현은 있을 수 없으며, 저자의 주관적 편향에서 자유로운 민족지 내러티브도 없다는 것이 포스트모더니즘의 비판 속에서 점차 명확해졌다.

인류학에는 이전과 전혀 다른 글쓰기 형식이 필요했다. 실제로 포스트모던 인류학의 흐름을 주도한 인류학자 스티븐 타일러는 학계 동료들에게 객관적 재현이라는 오만한 형식을 포기해야 하고, 단지 독자에게 다른 문화를 환기하는 데에서 서술을 그쳐야 한다고 주장했다.[7] 스트래선은 이러한 회의주의적 경향에 대해 일정 부분 동의하면서도 그런 회의론이 오히려 인류학자를 소비자나 관광객의 일종으로 바꾸어 놓을 뿐이라고 비판했다.

『부분적인 연결들』에서 스트래선이 가장 명시적으로 대립시키는 이미지는 여행자-관광객의 이미지와 인류학자-사이보그의 이미지다. 포스트모더니즘의 관점에서 보면 타자들의 사회를 객관적으로 재현할 수 없는 인류학자는 여행자나 관광객과 그리 다를 게 없다. 그렇다면 우리가 타자를 제대로 이해하는 것은 영원히 불가능한 일일까? 객관적 재현의 시점이 사라지면 주관적 해석들만이

---

7   스티븐 타일러, 「포스트모던 민족지」, 『문화를 쓴다』(한국문화사, 2000) 참조.

남을 뿐일까? 스트래선은 이런 견해에 대해 강하게 의문을 표시한다. "그렇다면 우리는 현장연구자를 살육한 끝에 관광객을 발견했을 뿐이지 않는가?"(스트래선, 91쪽)

여행자-관광객의 이미지에는 이국적인 풍경으로 나갔다가 다시 집으로 무사히 귀환한다는 배경 설정이 숨어 있다. 게다가 여행자-관광객의 여정은 한 개인의 인격 속에서 온전히 통합되는 연속적인 경험 과정을 전제하고 있다. 스트래선이 보기에 인류학자의 경험은 그것과 전혀 다르다. 인류학자는 우리의 사회와 그들의 사회를 오고 가면서 다양한 인격들이 맞부딪치는 이질적인 현장 경험들을 갖고 있으며, 어떻게 해도 완전히 설명할 수 없는 어떤 잔여의 경험을 항상 품고 있다. 인류학자가 타자들의 사회를 연구하는 이유는 그들의 사회와 우리의 사회가 달라서다. 그렇다면 인류학자가 상이한 사회들의 상이한 관점들을 단번에 통합한다는 것은 애초에 있을 수 없는 일이다. 앞서 보았듯 스트래선은 이 사실을 페미니즘과 인류학의 어색한 관계로부터 이미 배운 바 있다.

바로 이 지점에서 스트래선은 해러웨이의 사이보그 형상을 인류학 내러티브를 재구성하기 위한 유력한 대안으로 고려하기 시작한다. 이제 서로 다른 사회들과 관점들을 하나의 인격으로 통합하는 여행자-관광객의 형상은 인류학자-사이보그의 형상으로 대체된다. 사이보그는 균형 감각에 맞서고, 스케일을 지키지 않으며, 단수도 복수도 하나도 여럿도 아닌, 비교 불가능한 부분들을 집적하는 일종의 연결회로이기 때문이다.(스트래선, 161쪽)

사이보그는 단번에 통합될 수 없는 상이한 관점들을 품고 있는 인류학자를 위한 가장 적절한 이미지다. 정확한 인류학적 재현이 항상 가능하지 않을 수도 있지만, 인류학자들이 서로 이질적인 문화들을 연결하고 소통시키려는 노력을 지속하는 것이 무의미하지는 않다. 비록 그 연결과 소통이 부분적이더라도 인류학자-사이보그는 통합하지도 파편화하지도 않은 채 서로 다른 두 문화들을 어떠한 방식으로든 연결시킬 수 있기 때문이다.

인류학자-사이보그는 여행하지 않고 이동한다. 인류학자는 귀환하기 위해 여행하는 관광객이 아니라 서로 다른 관점들과 서로 다른 사회들 사이를 이동하면서 "사라지지도 않으며 자기 속에 융합되지도 않을 구체적이고 특정한 타자들과" 구체적 관계를 맺는 사람이다.(스트래선, 112쪽) 이 구체적 관계 속에서 인류학자는 익숙한 자리로 되돌아오는 귀환의 경험을 성취하지 못할 수 있다. 그러나 적어도 연결과 확장의 경험은 남는다.

인류학자의 연구 작업은 타자를 재현하는 것도 타자를 환기하는 것도 아니다. 그것은 무엇보다 타자와 연결되는 것, 반쯤은 이해할 수 있지만 여전히 반쯤은 이해할 수 없는 타자들과 마주해 그들과 부분적으로 연결되기를 선택하는 것이다. 타자와의 어색한 관계를 있는 그대로 받아들이면서 그 어색한 관계를 통해 우리 자신을 낯설게 만드는 방식이라고 할 수 있다. 그리고 때로는 이런 어색한 관계가 주는 교훈이 우리를 성장시키고 우리의 사고를 도약시키며 우리의 경험을 확장하게 만들 것이다. 이때의 우리는 이미 하나도 둘도 아닌 기묘한 관계 속에 들어가 있기 때문이다.

이렇듯 스트래선은 해러웨이의 사이보그를 인상적으로 차용해서 인류학적 글쓰기를 바라보는 전혀 다른 시각을 내놓는다. 해러웨이의 「사이보그 선언」에서 스트래선의 『부분적인 연결들』로 이어지는 이동과 확장의 궤적은 서로 어색한 관점들, 서로 어색한 학문들 사이에서도 어떻게 창조적인 관계가 가능할 수 있는지에 대해 우리에게 여러 힌트를 던진다. 분명한 것은 타자에 대한 완전하고 객관적인 재현이 불가능하다고 하더라도 서로에게 배울 점이 없는 것은 아니며, 우리끼리 소통하고 연결될 수 있는 가능성이 사라진 것도 아니라는 점이다.

「반려종 선언」으로 맺어지는
세 번째 이야기

해러웨이의 선언에서 시작하는 이야기는 스트래선의 책을 거쳐 해러웨이의 또 다른 선언인 「반려종 선언」으로 되돌아온다. 흥미로운 점은 스트래선이 해러웨이를 직접 인용하면서 부분적 연결이라는 자신의 개념을 만들었지만, 정작 해러웨이는 그것이 자신으로부터 나왔다는 것을 잊어버렸다는 사실이다. 심지어 「반려종 선언」에서 이를 스트래선의 개념으로 언급하면서, 부분적 연결의 관계를 소중한 타자성의 관계로 바꿔 부를 수 있다고 덧붙이기도 한다. 흥미롭고 기묘한 착각이 일어나는 대목을 상세히 짚어보자.

관계론적 범주들의 민족지학자인 스트래선은 다른

위상학을 통해 생각할 수 있는 방법을 보여 주었다. 우리 손에 들어오는 것은 반대 항들이 아니라 현대의 기하학자가 열병에 걸린 상태에서 휘갈겨 놓은 스케치북이며, 우리는 이 바탕 위에서 관계를 그려 낼 수 있다. 스트래선은 "부분적 연결", 즉 참여자들이 전체도 아니고 부분도 아닌 패턴을 이룬다는 관점에서 생각한다. 나는 이것을 소중한 타자성의 관계라고 부른다. 내가 볼 때 스트래선은 자연문화의 민족지학자로서, 종의 경계를 넘나드는 대화가 이루어지는 개집에 초대해도 불편해하지 않을 사람이라는 직감이 든다.(126쪽, 번역 일부 수정)

스트래선이 『부분적인 연결들』에서 해러웨이의 사이보그 이미지를 도입해 인류학적 글쓰기의 의미를 새로운 방식으로 이해했듯, 해러웨이는 「반려종 선언」에서 스트래선의 부분적 연결의 이미지를 도입해 종의 경계를 넘나드는 대화의 의미를 또 다른 방식으로 설명한다. 이들은 상대방에게서 배운 것을 단순히 적용하지 않는다. 오히려 배운 것을 부지불식간에 각자의 방식대로 사용한다. 이런 변용이 가능한 것은 두 사람 각자가 상대방의 논의 속으로 깊숙이 들어가 자신의 논의와 맞닿는 지점에 도달하고, 그 만남의 교훈을 내면화하며 스스로의 이야기를 다른 방식으로 읽을 수 있는 관점을 얻었기 때문이다.[8] 이 두 사상가는 낯설지만 소중한 타자와의 관계 맺음 속에서 스스로가 변형되는 것을 두려워하지 않는다. 인류학자 스트래선이 멜라네시아 사람들과의 관계 속에서 그렇게 했듯, '견주' 해러웨이는 반려견과의 관계 속에서 관계 맺음의 새로운 지평을 찾아낸다.

그렇다면 「반려종 선언」은 어떤 내용을 담고 있을까? 2003년에 발표된 이 새로운 선언에는 '개, 사람 그리고 소중한 타자성'이라는 부제가 붙어 있다. 이를 통해 알 수 있듯 「반려종 선언」은 인간과 오랜 시간 동안 함께해 온 개라는 존재가 그저 우리와 독립된 다른 종이 아니라 우리와 함께 살아가는 반려종이라는 이야기를 품고 있다.

해러웨이는 이렇게 선언한다. "개들은 이론의 대리물도 아니고 사유의 대상이 되려고 있는 것도 아니다. 개들은 함께 살기 위해 있다."(해러웨이, 122쪽) 나아가 이 선언이 「사이보그 선언」에서 확장된

---

8   이 설명은 스피박의 논의에서 힌트를 얻었다. 가야트리 차크라보르티 스피박, 안준범 옮김, 『읽기』(리시울, 2022), 107~109쪽 참조.

것임을 생각해 보면, 사이보그를 비롯한 인간-기계의 혼종들이나 심지어 미생물들까지도 또 다른 차원의 반려종이며 또 다른 의미의 친족임을 깨달을 수 있다. 「반려종 선언」은 다른 무엇보다도 어떻게 이들과 함께 살아남고 번성할 수 있을까를 묻는다. 그렇지만 해러웨이의 반려종 논의는 '좋은 게 좋은 거다'라는 식으로 무책임하게 관계 봉합을 시도하려는 것이 아니다. 앞뒤 상황을 살피지 않은 채 공존부터 설파하는 순진무구함과도 거리가 멀다.

사람과 개가 함께 잘 산다는 것은 어떤 것일까? 해러웨이는 자신의 반려견 카옌 페퍼와 함께 '도그 어질리티'(개의 장애물 경주)에 참가하기 위해 훈련을 하는 개인적 일화를 주요하게 거론한다. 그러면서 개를 아기처럼 취급하는 현대의 풍조를 비판하며 오히려 개에게 일을 주는 것이 더 나은 관계를 만들 수 있다고 말한다.

목양견, 썰매 개, 구조견, 번견 등 개들은 언제나 인간과 함께 일해 왔다. 개들은 인간이 할 수 없는 일을 도맡으면서 인간 사회 안으로 들어왔고, 그렇게 인간과 반려종 관계를 맺었다. 오늘날 모든 개가 과거와 같은 일을 할 수도 없고 그럴 필요도 없지만, 중요한 것은 개와 인간이 맺어 온 그 역사적 유산 전체와 진지하게 대면하는 일이다. 해러 웨이가 말하듯 "그러한 유산에 대해 아무런 잘못이 없다는 태도를 보이기보다는 그 안에 거주함으로 써, 우리는 놀이가 선사하는 창조적 은총을 희망해 볼 수 있다."(해러웨이, 236~237쪽)

마치 인류학이라는 학문의 기원에 서구의 제 국주의가 불가분의 관계로 포함되어 있는 것처럼 개와 인간의 관계에도 여러 불행한 역사적 유산이 잠재되어 있다. 더 좋은 외모의 순종 개를 얻기 위 해 품종 개량을 해왔던 역사가 있고, 한국의 경우 에는 이른바 '보신탕'으로 대표되는 불행한 역사를 떠올려 볼 수 있을 것이다. 하지만 진정 중요한 것 은 그런 역사를 단순히 삭제하거나 회피하는 것이 아니라 어떻게 그 유산 위에서 책임 있는 관계를 만들어 갈 것인가에 있다.

순결한 역사도 없고, 순결한 학문도 없다. 심 지어 온전히 순결한 윤리도 있을 수 없다. 해러웨 이는 순결한 학자나 고정된 정체성을 가진 페미니 스트가 아니라 "몸이 지저분해지는 것을 감수하며 배워가는 사람들"의 관점을 보여 주고자 한다.(해러 웨이, 214쪽) 아마도 그러할 때 개는 단지 우리의 관 용에 기대지 않는 진실한 반려종이자 소중한 타자일 수 있지 않을까.

"서로 다르게 물려받은 역사, 그리고 불가능에 가깝지만, 절대적으로 필요한 공동의 미래 모두를 책임질 수 있는, 부조화스러운 행위 주체들과 삶의 방식을 적당히 꿰맞추는 작업, 취약하지만 기초적인 작업"이 과연 가능할까?(해러웨이, 125쪽) 해러웨이식으로 말하자면 소중한 타자성을 수용하는 일, 즉 각자의 타자성을 진지하게 받아들이는 일은 어떻게 이루어질 수 있을까? 해러웨이는 "찔러도 피 한 방울 나지 않는 추상화를 통해서가 아니라 일대일 관계, 연결된 타자성을 통해 개가 누구이며 우리에게 무슨 말을 하고 있는지 이해하는 방법을 배우는 것"을 통해 그러한 일이 가능하다고 말한다.(해러웨이, 173쪽) 물론 이는 영원한 합일의 관계가 아니라 취약하고 일시적인 관계이지만, 도리어 그렇기에 창조적일 수 있는 부분적 연결의 관계다.

현장이 있다면
누구나 인류학자

내가 개를 하나 데리고 있다면 나의 개는 인간을 하나 데리고 있는데, 이게 구체적으로 무슨 뜻인지 묻

는 게 핵심이다.(해러웨이, 182쪽)

어쩌면 해러웨이가 『반려종 선언』에서 묻고자 하는 모든 것은 이 말로 요약될 수 있을지도 모른다. 반려자들의 관계에서 대칭적 관점은 결정적으로 중요하다. 개의 관점과 인간의 관점은 서로 소통되기도 하고 연결되기도 하지만, 완전히 한쪽으로 환원되지도 않고 한쪽의 관점에서만 설명되지도 않는다. 둘의 관계를 이해하려면 한 번은 인간의 편에서, 다른 한 번은 개의 편에서 보아야만 한다. 이런 관점은 인류학 책을 읽는다는 것의 의미를 다시 생각하게 하는데, 부분적으로만 연결되는 것은 하나의 인간 집단과 또 다른 인간 집단의 경우에도 마찬가지이기 때문이다.

앞서 나는 스트래선이 인류학과 페미니즘의 어색한 관계를 다루었다고 말했다. 그러나 사실 인류학이라는 학문 자체가 다른 학문들과 꽤나 어색한 관계를 맺고 있기도 하다. 이 학문의 특징이 바로 서구의 관점에서 확립된 '우리의' 학문들과 입장들을 다른 민족 집단들과의 만남 속에서 의문시하는 데에 있기 때문이다. 요컨대 인류학은 우리를 바깥의 관점에서 볼 때 과연 무슨 일이 일어나는지를 살펴보려는 시도다.

미셸 푸코는 타자를 연구하는 인류학이 일종의 대항과학이라고 말하기도 했다. 인간에 대해 우리가 갖고 있는, 우리 자신이 만들어 낸, 우리의 인문학적·사회과학적 관점을 끊임없이 해체한다는 점에서 말이다.[9] 이렇듯 관계를 제대로 본다는 것은 자신의 관점을 탈중심화하고 서로의 관점에서 두 번 보는 일이다. 함께 생각하고, 함께 살고, 함께 다른 것이 되려면 그렇게 하지 않을 수 없다. 반려자들의 대화란 언제나 그러한 것이며, 인류학이란 그런 관계의 이야기를 쓰는 일에 참여하는 장르다.

그렇지만 새삼 고백하자면 한국에서 최신 인류학 책을 읽는다는 것은 쉬운 일이 아니다. 게다가 여기에서 소개한 두 사상가들은 통상적 의미의 인류학을 행하고 있지도 않기에 더더욱 읽기가 쉽지 않다. 내가 『부분적인 연결들』의 초벌 번역 원고를 처음 읽은 것은 2018년의 일인데, 여러 인류학자와 한 달간 세미나를 하면서 같이 읽었음에도 거의 이해가 되지 않았다.

하지만 2022년에 들어와 '편집자를 위한 철학

---

9   미셸 푸코, 이규현 옮김, 『말과 사물』(민음사, 2012), 516쪽 참조.

독서회' 모임에서 다른 편집자 동료들과 함께 이 책을 다시 읽으면서, 나는 이 책을 그저 하나의 인류학 이론으로가 아니라 내 삶과 연결된 것으로 읽는 법을 배울 수 있었다. 4년 만에 다시 본 『부분적인 연결들』은 다른 무엇보다 인류학자 자신이 행하는 현장 연구 작업을 하나의 완결된 글로, 하나의 완성된 이야기로 쓰는 일의 어려움을 고민하는 책으로 달리 보였다.

동료 편집자들이 솔직하게 나누어 준 독해 경험 속에서 나는 이 책이 현장에 있는 연구자들과 편집자들에게, 그리고 타인과 함께 자신의 삶을 살아가고 그것을 글로 쓰려는 모든 사람들에게 더없이 유용한 책일 수 있음을 비로소 깨달았다. 실제로 스트래선은 신판 서문에서 이렇게 회고한다. "나는 '부분적인 연결들'이 이를테면 '인류학을 쓴다'라는 구절이 말해 주는 것보다 더 많거나 더 적은 어떤 것을 말해 준다고 생각하지 않는다."(스트래선, 60쪽) 이 점에서 이 책은 개념에 관한 책이 아니라 경험에 관한 책, 경험을 쓰는 방법에 관한 책이다.

독서 모임에서 신새벽 편집자는 자신이 함께 작업해 온 인류학 분야의 필자들을 생각하면서 이 책을 읽었다고 고백했다. 인류학 논문을 읽거나 편집할 때 종종 석연치 않음이나 당혹스러움을 느끼는데, 이 책이 출발하는 현장과 다른 현장 사이의 공통 잣대 없음이 그 불균형의 감각의 원인을 짚고 있다는 것이다. 그는 동양고전 분야의 편집을 할 때 한문학자들 한 사람 한 사람이 일종의 부족처럼 여겨졌다고 덧붙였다. 각자 연구하는 시대에 따라 다른 방법론으로 원전을 해석하는 한문학자들에게서 편집자가 보는 것은 부분적인 접점일 뿐 통합적인 지평이 아니기 때문이다.

과학기술학을 전공한 맹미선 편집자 역시 비슷한 이야기를 들려주었다. 최근 출간된 『겸손한 목격자들』은 동료 과학기술학 연구자들이 과학자들의 실험실로 들어가 마치 인류학자처럼 현장 연구를 했던 경험을 대중적으로 풀어낸 책인데, 여기에도 인류학자 스트래선이 느꼈던 곤혹스러움 같은 것이 잘 나타나 있다.[10] 타자들을 관찰하고 그것을 글로 쓰고자 할 때 누구를 만족시킬지 알 수 없게 되는 어려움에 처하는데, 저자들은 그런 어려움

10 김연화·성한아·임소연·장하원, 『겸손한 목격자들』(에디토리얼, 2021) 참조.

을 겸손함의 태도로 돌파한다. 여기에서 또 한 번 '겸손한 목격자'라는 말이 해러웨이의 개념이라는 사실을 떠올려 볼 수 있다.

다른 한편 곽성우 편집자는 현장에 있는 저자들이 한 권의 단행본을 만들 때 그 모든 세부 사항들을 전체적 맥락으로 꿰뚫고자 하면서 생각하는 이른바 총체적 틀이라는 도구를 다시 생각하는 계기가 되었다고 말했다. 자신이 관찰한 파편들을 나의 시점에서 하나의 완결된 것으로 묶어야겠다는 자의식은, 때로는 글쓰기를 가능하게 만들어 주지만 때로는 그 안에 있는 무수한 부분적 관점을 덮어 버리는 포장지로 사용되기도 한다. 무릇 글을 쓰는 사람은 그런 한계에서 벗어나기 어렵겠지만, 스트래선을 읽으며 불균형의 감각에 좀 더 정직하게 직면할 수 있는 관점을 얻었다는 이야기였다.

내가 겪었던 어색한 토론 경험도 이야기해 보고 싶다. '탐구 시리즈'의 책들이 출간되기 전 저자들이 자신의 책을 소개하는 자리에서 나는 『신비롭지 않은 여자들』의 저자인 과학기술학자 임소연 교수와 토론을 하게 되었다. 철학책 편집자와 과학기술학 연구자의 첫 만남은 어떤 결과를 낳았을까? 처음에는 무척 어색했지만 뜻밖의 생산성을 발견하는 자리가 되었다.

1장에서 다룬 '만남 구역'의 표지판을 보면 20킬로미터의 제한 속도 규정이 적혀 있다. 자동차, 자전거, 보행자가 하나의 길을 쓰면서도 공존하려면 그런 제한이 필요하다. 내가 타자들을 사유하는 철학의 사례로 이를 언급했을 때 임소연 교수는 과학자와 페미니스트가 만나서 이야기할 때 서로 얼마나 속도가 다른지 떠올렸다. 과학자가 이미 철 지난 페미니즘 이론을, 페미니스트가 이미 철 지난 과학 이론을 가져와 서로 비판하면 전혀 소통이 되지 않는다. 상대방이 이해하도록 설명의 보조를 맞추면서 감속할 때에야 소통이 서서히 가능해진다는 말이었다. 내가 생각한 추상 개념이 전혀 다른 영역의 구체적 사례와 결합되면서 개념의 힘이 생생히 살아났다. 동질적인 사람들 사이의 대화였다면 결코 가능하지 않았을 경험이다.

결국 이 모든 어려움과 배움의 과정은 어쩌면 우리들 모두가 궁극적으로는 서로에게 어색한 존재라는 사실에 있는지도 모른다. 저자와 편집자 사이에도, 편집자와 독자 사이에도, 그리고 독자와 저자 사이에도 모든 곳에는 어색함이 깃들어 있다. 때때로 우리는 그런 어색함이 없는 통일되고 전일적인 관계를 소망한다. 그런 소망은 대체로 자의식의 착각이거나 투사에 그칠 뿐임을 거듭 확인하면서 끝난다. 그럼에도 우리는 어떤 연결됨의 순간들이 있기 때문에 대화를 멈추지 않는다. 그 연결됨과 반복됨의 패턴들은 우리가 서로를 서서히 더 잘 알아가게 해 준다. '알 수 있다'와 '알 수 없다'가 있는 것이 아니라, '알지 못한 채 알아가기'가 있는 셈이다.[11] 그렇다면 어색함은 관계의 끝이 아니라 관계의 시작을 표시하는 지표가 아닐까. 모든 관계의 시작이 그러하듯 말이다.

---

11 에두아르도 콘, 차은정 옮김, 『숲은 생각한다』(사월의책, 2018), 152쪽 참조. 이 책에 대해서는 다음 장에서 자세히 이야기하려 한다.

8장

우리 너머의 우리
—『숲은 생각한다』(2018)

> "동물에게서 '사물들'만을 보는 것이 아니라
> 행동과 지각을 그 본질적 활동으로 갖는
> '주체들'을 보게 될 것이다."[1]

한 기묘한 이야기에서 시작하자. 1980년대 후반 에콰도르의 아마존 강 지류에 있는 리오 블랑코 마을. 젊은 인류학도 에두아르도 콘은 마을의 샤먼들에게 신기한 이야기를 들었다. 마을 주변 숲에서 '루나 푸마'라고 불리는 재규어-인간이 종종 출몰한다는 이야기였다.[2] 재규어-인간은 일종의 늑대 인간과 같은 존재로, 사람에서 재규어로 변신해 가축이나 인간을 습격한다고 했다.

---

1   야콥 폰 윅스퀼, 정지은 옮김, 『동물들의 세계와 인간의 세계』
     (도서출판b, 2012), 11쪽.
2   케추아어로 루나(runa)는 사람을 뜻하고, 푸마(puma)는 포식
     자 혹은 재규어를 뜻한다. 에두아르도 콘, 차은정 옮김, 『숲은
     생각한다』(사월의책, 2018), 13쪽 참조.

젊은 인류학도 콘은 이 이야기에 이끌려 루나 푸마들이 모여 사는 아빌라 마을로 향했다. 그리고 그곳에서 너무나 문명화된 사람들이자 (그들은 모두 기독교도였다.) 때로는 동물과 인간을 잡아먹는 포식자이기도 한 기이한 사람들, 곧 아빌라 마을의 루나족과 만나게 된다.

숲으로 간 인류학자

사람이 재규어로 변신한다는 기묘한 이야기는 마치 동화나 신화처럼 들린다. 그렇지만 관점을 달리하면 오히려 이 이야기가 세상의 참모습을 있는 그대로 묘사하고 있음을 알 수 있다.

아마존 숲속에서 재규어와 마주치는 상황을 상상해 보자. 이때 재규어가 우리를 재규어 자신과 같은 포식자로 보는가, 아니면 먹잇감으로 보는가는 우리의 생사를 가르는 중대한 문제다. 먹잇감이 되지 않으려면 어떻게 해야 할까? 루나족은 재규어가 다가왔을 때 재규어를 마주 보아야 한다고 말한다. 우리를 바라보는 재규어의 시선을 재규어에게 되돌려 주어야 한다는 것이다. 재규어가 우리를 마주 응시할 능력이 있는 존재로 본다면 우리를 자신과 같은 포식자로 인식하고 가만히 놓아둘 것이다. 그렇게 하지 못하면 곧바로 먹잇감이 된다. 그런데 이 만남 속에서 우리 자신이 변하지 않을 수 없다. 재규어에게 그와 동렬에 있는 포식자로 여겨지는 우리는 말 그대로 재규어-인간이 된다.

다종다양한 생물들이 함께 살아가는 아마존 열대우림에서는 이런 일이 비일비재하다. 개미핥기가 개미집 속으로 혀를 집어넣어 개미를 핥아먹고자 할 때, 개미핥기의 혀는 개미가 아무 의심 없이 올라탈 나뭇가지처럼 여겨져야 한다. 옥수수 밭에 출몰하는 잉꼬를 겁주기 위해 루나족 사람들이 만드는 허수아비는 인간의 관점이 아니라 잉꼬의 관점에서 맹금류처럼 보여야 한다. 나무 꼭대기에 있는 양털원숭이를 잡으려면 야자나무를 쓰러뜨려서 원숭이를 깜짝 놀라게 해야 한다. 요컨대 숲의 눈으로 세상을 보는 법을 알지 못하면 아마존 열대우림에서 생존할 수 없다.

인류학자 에두아르도 콘이 아마존 숲에서 사냥하며 살아가는 루나족에게서 배운 것이 바로 이 점이다. 『숲은 생각한다』는 루나족 사람들과 함께 살아가며 그 사람들이 하는 말에 귀를 기울이는 가운데 완성된 인류학 책이다. 그런데 콘이 현장 연구를 행한 아마존 숲에서는 사람들이 사람들 사이에서만 살아가는 것이 아니었다. 루나족은 숲속에서 사람 이외의 다종다양한 존재들에 둘러싸여 있었다. 그 때문에 인류학자는 사람이 아닌 존재들의 목소리에도 귀를 기울여야 했고, 콘은 루나족 사람들이 숲의 존재들과 소통하기 위해 기묘한 방식으로 언어를 사용하고 있다는 사실을 깨닫기 시작했다.[3]

여기에서 '숲은 생각한다'는 통찰이 나왔다. 이 말은 한낱 비유가 아니다. 숲을 이루는 존재들은 저마다의 방식으로 생각하고 감정을 느낀다. 만물에 영혼이 깃들어 있다고 여기는 루나족의 애니미즘은 원시의 산물이 아니라 생존을 위한 탁월한 직관이었다. 인간과는 전혀 다른 삶의 방식을 가진 생물들의 관점을 인정하고 그들의 생각과 느낌을 이해하려는 루나족의 실용적인 노력은 우리가 어떻게 인간 중심적 관점을 넘어설 수 있는지를 여실히 보여 준다.

콘은 루나족 사람들이 하고 있는 일, 즉 종을 횡단하는 소통 방식을 제대로 이해하기 위해서는

---

3 이상의 내용은 에두아르도 콘의 인터뷰를 참조하여 서술했다. エドゥアルド·コーン, 近藤宏, 「森の思考を聞き取る人類学」, 《ÉKRITS》(2021).

그동안 우리 근대인들이 생각해 왔던 인간 자체에 대한 관념이 바뀌어야 한다는 것을 깨달았다. 이는 인류학의 변화를 요청한다. 우리가 전제하고 있는 사고와 감정의 범주가 너무나 협소해서 루나족과 아마존 세계가 맺는 긴밀한 관계를 이해하지 못하기 때문이다. 이것이 바로 『숲은 생각한다』의 원서 부제가 '인간적인 것을 넘어선 인류학'인 이유다. 이 책은 인간 바깥에서 인간의 조건을 살핀다. 숲의 눈으로 인간을 볼 때 무슨 일이 일어나는지를 세심히 관찰하고 분석하려 한다.

　『숲은 생각한다』의 배경은 아마존 숲, 그것도 에콰도르의 아마존 강 상류 유역에 있는 루나족의 마을인 아빌라다. 아마도 우리로서는 평생에 한 번도 갈 일이 없는 장소일지도 모른다. 그럼에도 이 인류학 책에서 본질적으로 이해하지 못할 대목은 없다. 무엇보다 이 책은 특정한 인간 언어를 넘어선 세상의 일반적인 소통 방식을 다룬다. 실제로 세상에서 벌어지는 수많은 일들은, 특히 인간과 비인간 사이의 상호작용은 인간 특유의 소통 방식인 상징적 언어로 환원되지 않는다. 이때 기존 인문사회과학에서 쓰였던 언어 중심적 방법론은 그 한계를 드러낸다. 그렇다면 우리는 묻게 된다. 어떻게 말도 통하지 않는데 관계가 가능할까?

앞서 보았듯 인류학자 메릴린 스트래선은 인류학이 관계를 묘사하고 서술하고 연구하는 것이라고 말했다. 인류학자 에두아르도 콘 역시 관계에 집중한다. 다만 그 관계 속에는 사람들 사이의 관계만이 아니라 사람과 숲 사이의 관계도 포함되어 있다. 언어가 아니라면 무엇이 인간과 숲의 관계를 잇는 것일까? 결론부터 말하면 인간과 비인간을 잇는 것은 기호다. 그 의미를 알기 위해서는 『숲은 생각한다』의 세계 속으로 빠져들어야 한다.

인간과 비인간을 잇는 기호

사회학자 피에르 부르디외는 『언어와 상징권력』에서 "언어학과 그 개념들은 오늘날에도 여전히 사회과학을 온갖 형태로 지배한다."라고 말했다.[4] 여전히 언어적 모델은 인간을 이해하는 주요 도구다. 인문사회과학이 문화, 사회, 역사 등 인간 특유의 속성을 다룰 때 상징적 소통 관계는 인간이 맺는

---

4   피에르 부르디외, 김현경 옮김, 『언어와 상징권력』(나남, 2020), 27쪽.

모든 관계를 설명할 수 있는 패러다임이자 마법의 열쇠처럼 여겨진다. 부르디외는 소쉬르 언어학에서 비롯된 주지주의적 통념을 문제시하면서 상징적 상호작용에 언제나 상징권력의 불평등한 관계가 반영되어 있음을 적실히 지적하기는 했지만, 그 역시도 상징적 관계로 인간을 이해해야 한다는 전제를 벗어나지는 않았다.

여기에서 상징적이란 인간이 사회적 환경을 이루는 모든 사물에 고유한 의미를 부여하며, 인간의 모든 행위는 그와 같은 상징적 의미를 주고받는 것으로 이해할 수 있다고 보는 시각을 말한다. 달리 말해 상징적 의미는 자연적으로 주어지는 것이 아니라 사회적, 문화적, 관습적으로 구성된다는 것이다. 그런데 콘이 보기에 그런 관점은 자연과 문화, 물질적인 것과 상징적인 것 사이의 이원론에 뿌리를 두고 있으며, 인간 사회를 오직 상징적으로 구성된 것으로 간주함으로써 마치 자연과는 단절된 것처럼 여기게 만들었다. 그 결과 생명의 세계와 인간의 세계, 숲의 생각과 인간의 생각이 연결되는 다양한 방식을 알아볼 수 없게 되었다.(20쪽)

실상 상징적 언어는 더 큰 기호적 양식의 일부에 지나지 않는다. 철학자 찰스 샌더스 퍼스의 기호학에 의거해 콘은 우리가 비상징적인 기호 양식들을 인간만이 아니라 다른 모든 생명체와 공유한다고 이야기한다. 비상징적인 기호 양식이란 아이콘적 기호 양식(유사성을 공유하는 기호)과 인덱스적 기호 양식(영향을 주거나 지시하는 기호)이다. 여기에서 기호라는 말이 자칫 어렵게 느껴질 수도 있다. 우리는 대개 문자나 숫자, 상징적 부호나 표시를 기호로 생각하는 데 익숙하지만 본래 기호란 징후, 조짐, 기색, 흔적, 몸짓, 신호 등을 포함하는 광범위한 개념이다. 퍼스의 정의에 따르면 기호란 "무언가를 어떤 측면이나 능력에서 대신해 누군가에게 나타내는 것"이다.(58쪽, 재인용) 여전히 기호라는 말이 조금 어색하게 느껴진다면 좀 더 평범한 신호라는 말로 바꾸어 생각해도 좋겠다.

　　모든 살아 있는 존재는 신호를 발한다. 우리가 갓난아기와 소통할 때, 개나 고양이와 소통할 때, 반려식물과 소통할 때 우리가 그들에게서 읽어 내는 것은 그들이 발하는 신호이자 기호다. 비록 언어를 구사하지는 못하지만 그들은 신호를 발하고 신호를 이해하며 신호를 사용하는 존재이기에 우리는 그들과 소통할 수 있다. 때로는 그들이 보내는 신호가 어떤 의미인지 생각하고, 때로는 이 신호와 저 신호를 혼동하기도 하면서, 서로의 신호에 익숙해지고 그 의미를 서서히 알아가게 된다.

숲에서 음식을 구하고 동물을 사냥하는 아마존 사람들에게는 상징적 언어의 한계를 넘어선 기호적 소통이 너무나 일상적인 일이다. 예컨대 재규어를 마주 노려볼 때 루나족 사람들은 재규어에게 모종의 신호를 보내고 재규어는 그 신호를 해석해서 그들을 동렬의 포식자로 본다. 콘은 이와 같이 서로의 신호와 기호를 해석하고 소통하는 과정이 단순한 본능적 행동이 아니라 서로를 지각하고 표상하는 생각의 과정임에 주목한다. 저자가 직접 경험한 일화를 하나 살펴보자.

일라리오와 그의 아들 루시오 그리고 나는 숲을 하루 종일 돌아다닌 끝에, 지붕처럼 우림을 덮고 있는 우거진 수풀 사이로 움직이는 한 무리의 양털원숭이들을 만난 적이 있다. 그때 루시오가 방아쇠를 당겨 그중 한 마리를 맞혔고 나머지는 도망갔다. 그런데 어린 원숭이 한 마리가 무리에서 떨어져 나왔다. 이 원숭이는 홀로 남겨진 것을 알아채고는 우거진 수풀 가운데 높이 솟은 거대한 붉은 나무의 가지 사이로 몸을 숨겼다. 일라리오는 아들이 원숭이를 잘 보고 쏠 수 있도록 원숭이가 깜짝 놀라 더 눈에 잘 띄는 곳으로 움직이길 기대하면서 근처에 있는 야자나무를 쓰러뜨리려 했다. "잘 봐! '타타'. 나무를 '푸오' 하게 할 거야. 조심해!"(60~61쪽)

일라리오는 양털원숭이에게 말을 건네며 소통을 시도한다. 타타와 푸오는 각각 그것이 의미하는 모습과 닮은 소리를 지닌 아이콘적 기호들이다. 타타는 탁탁처럼 나무를 벨 때 나는 소리 이미지이며, 푸오는 나무가 쓰러지는 과정을 포착하는 소리 이미지다. 이 의성어들은 상징적 언어에 속하지 않는 아이콘적 기호들로, 그렇기에 우리는 일라리오가 사용하는 케추아어의 문법과 그 상징적 구조를 전혀 모르면서도 이 말들이 뜻하는 바를 쉽게 느끼고 이해할 수 있다. 아이콘적 기호들은 특정한 문화와 언어를 넘어서 세계 자체(이 경우에는 소리 자체)를 표상하기 때문이다.

바로 다음 장면에서 일라리오는 예고한 대로 야자나무 쪽으로 다가가 나무를 타타타타 베기 시작하고 푸오라는 소리가 나도록 야자나무를 쓰러뜨렸다. 야자나무가 쓰러지는 소리에 겁먹은 양털원숭이는 숨어 있던 곳에서 뛰쳐나왔다. 이때 이

기호의 수신자가 되는 누군가는 인간이 아니다. 야자나무가 쓰러지는 소리는 양털원숭이에게 위험을 나타내는 기호다. 만약 이 기호를 알아차린 원숭이가 도망쳐서 살아났다고 한다면, 생명이란 기호 과정의 산물이라고 할 수 있다. 또 원숭이는 이 기호를 해석해서 생각했다고 말할 수 있다.

이렇듯 아마존 사람들은 비상징적 기호들을 통해서 숲속의 동물들과 소통하고 숲의 눈으로 세상을 보려고 노력한다. 생태학자 야콥 폰 윅스퀼이 말하듯 그들은 "동물에게서 사물들만을 보는 것이 아니라 행동과 지각을 그 본질적 활동으로 갖는 주체들을" 보는 것이다.[5] 왜냐하면 숲속의 동물들 자신들이 바로 기호를 사용하고 기호로 소통하는 존재들이며 따라서 생각하는 존재들이기 때문이다. 이때 아마존 사람들이 지닌 애니미즘, 즉 모든 생명에는 혼이 있고 모든 생명이 자기 고유의 관점을 가지고 있다는 사고방식은 단순히 미신에 불과한 것이 아니라 오히려 실용적인 면에서 유효성을 갖는, 종을 넘어선 소통 방식임이 드러난다.

---

5   야콥 폰 윅스퀼, 정지은 옮김, 『동물들의 세계와 인간의 세계』 (도서출판b, 2012), 11쪽.

우리 살아 있는 존재들은 모두가 기호와 더불어 그리고 기호를 통해서 살아간다. 인간은 다른 생명체들과 기호적 성향을 부분적으로라도 공유하고 있다. 그런데 기호가 우리 모두에게 필요한 것은 우리의 삶과 우리의 신체가 유한하기 때문이다. 기호는 유한한 신체를 넘어서, 유한한 삶을 넘어서 우리를 소통시키는 매개체다. 이 점에서 기호는 살아 있는 존재들 모두가 유한한 삶의 길을 더듬거리며 나아갈 때 사용하는 일종의 지팡이 역할을 한다. 결국 "우리의 삶이 유한하다는 사실이 궁극적으로 다른 모든 유한한 존재들과 우리를 연결"시키는 셈이다.(19쪽)

『숲은 생각한다』는 우리 인간이 비인간 존재들과 공유하는 기호적 관계를 숙고함으로써 우리가 인간적인 환경에 폐쇄되어 있지 않고 열린 전체로 살아간다는 사실을, 나아가 숲이 생각할 뿐 아니라 우리 자신이 숲과 함께 생각한다는 사실을 생생하게 드러낸다. 인간 세계는 나머지 세계로부터, 자연으로부터, 생명으로부터 단절되어 있지 않다. 자연과 문화, 물질적인 것과 상징적인 것은 이분법적으로 쪼개져 있는 것이 아니라 언제나 서로 소통하고 교류하며 연결되어 있다. 이제 이 통찰이 우리의 새로운 출발점이 된다.

알지 못한 채 알아가기

이쯤에서 이런 식의 고찰이 어떤 쓸모가 있는지에
대해서 한번 질문해 볼 필요가 있다. 우리가 비인
간 존재들과 기호적 성향을 공유한다거나 숲이 생
각한다는 이야기는 대체 어떤 함의가 있을까? 인간
적인 것을 넘어선 인류학은 우리에게 어떤 교훈을
줄까? 우리는 재규어나 양털원숭이의 생각을 정말
로 알 수 있는 것일까?

　　회의적인 관점에서 바라보면 우리는 그들의
생각을 결코 알지 못할 거라고 말할 수도 있다. 철
학자 토머스 네이글은 "박쥐가 된다는 것은 어떤
것일까?"를 물으면서 우리와 박쥐는 너무나 다르
기 때문에 결코 그 내밀한 경험을 완전히 이해할
수 없다고 단언한다. 아마도 그럴 것이다. 우리가
그들의 생각과 느낌을 확실히 알 수는 없을 것이다.
그렇지만 확고한 앎에서 출발하지 못하고 또 그러
한 앎에 도달하지 못한다고 해도 우리는 '알지 못
한 채 알아가기'라는 실용적인 방법을 통해서 서
로를 서서히 알아갈 수 있다. 우리와 그들 사이에

는 절대적 타자성, 환원 불가능한 차이, 통약 불가
능성 같은 뛰어넘을 수 없는 존재론적 차이가 있는
것이 아니다. 우리 모두가 기호를 공유하는 존재라
는 공통점이 밑바탕에 자리하고 있다.

　　콘은 간단한 예시를 통해 이 점을 입증한다.
루나족은 옥수수밭에 출몰하는 흰눈잉꼬를 겁주기
위해 매년 허수아비를 만든다. 그런데 루나족이 만
드는 허수아비는 인간의 관점에서 맹금류를 사실
에 가깝게 표상하려는 시도가 아니다. 오히려 그것
은 잉꼬의 관점에서 맹금류가 어떻게 보이는지를
나름대로 추측하고, 잉꼬가 보기에 맹금류와 닮아
보일 법한 허수아비를 만들려는 시도다. 그래서 루
나족의 허수아비는 우리 눈에는 어딘가 기묘해 보
인다. 하지만 실제로 이 기묘한 모양의 허수아비
는 곧잘 잉꼬를 멀리 쫓아내고 있으며, 그래서 아
빌라 마을에서는 매년 이 허수아비를 만들고 있다.
이렇듯 루나족은 잉꼬가 된다는 것이 어떤 것인지
를 허수아비라는 기호를 통해서 '알지 못한 채' 알
아간다. 잉꼬가 어떻게 생각하는지에 대한 자신들
의 추측이 잉꼬에 미칠 수 있는 기호적 효과를 통
해서 잉꼬가 어떻게 생각하는지를 알게 되는 셈이
다.(156~158쪽)

　이때 앎이란 고립된 자아가 나와 전혀 다른 외부 세계를 단번에 인식하는 식의 관조적 경험이 아닙니다. 인간 특유의 사고와 숲의 사고는 기호작용의 산물이라는 점에서 서로 연속적으로 이어져 있으며, 우리는 기호적 상호작용을 통한 시행착오의 과정 속에서 서로를 서서히 알아간다.

　콘이 말하는 인간적인 것을 넘어선 인류학은

"인간적인 것이 그 너머에 있는 것과 구분되면서도 동시에 어떻게 그 너머와 연속되는지를 분석하는 정확한 방법"을 발전시키려는 시도다.(25쪽) 그래서 콘은 그들과 우리의 차이를 설명할 뿐 아니라 그 차이를 가능하게 하는 존재론적 연속성에도 관심을 기울여야 한다고 말한다. 이 연속성으로 인해 우리는 인간적인 것이 매우 독특하고 분리된 것이면서도 어떻게 세계의 나머지로부터 결코 완전히 단절되지 않는지를 깨닫게 된다. 나아가 이러한 깨달음은 우리가 어떻게 '우리 너머의 우리'와 연결되어 있는지를 인식하는 길로 우리를 안내한다.

사람이 재규어로 변신하여 동렬의 포식자가 되고, 양털원숭이에게 친구처럼 말을 건네고, 허수아비를 만들어 흰눈잉꼬를 겁주어 쫓아내는 일들이 공통으로 보여 주는 것은 우리와 그들 사이에서 새로운 부류의 우리가 형성된다는 사실이다. 이것은 단지 아마존 숲에서만 일어나는 특별한 사건도 아니고 아마존 사람들만이 행하는 특이한 행위도 아니다.

예를 들어 인류학자 전의령은 『동물 너머』라는 책에서 종을 횡단하는 소통이 일어나는 우리의 평범한 일상을 이렇게 관찰한다.

"아마존 사람들과 마찬가지로 우리도 종종 주변의 비인간들이 혼을 지닌다고 생각하지 않는가? 가장 가까이에서 우리와 깊이 상호작용하는 비인간인 개·고양이는 종종 '갯과 또는 고양잇과 사람'의 모습으로 다가오지 않는가? 그리고 그 속에서 우리도 때로는 '개-인간' 또는 '고양이-인간'이 되는 것을 경험하지 않는가?"[6]

너무나 인간적인 소외감

인간적인 것을 넘어선 인류학이 그들과 우리의 연속성에만 주목하는 것은 아니다. 우리가 우리만의 사고에 갇혀 있을 때 종종 겪게 되는 세상과의 단절감이나 불안감 혹은 '근본적인 분리의 느낌'을 떠올려 보자. 이는 단순히 부정적인 감정에 그치는 것이 아니라 상징적 사고가 갖는 너무나 인간적인 특징을 잘 드러낸다.

콘은 여행 중에 한 도로에서 산사태와 마주쳤을 때 다른 사람들의 걱정 없는 분위기에 쉽게 동조하지 못하고 혼자만의 불안과 공황상태에 빠져들

6   전의령, 『동물 너머』(돌베개, 2022), 50쪽.

었던 일화를 이야기하면서, 그런 불안의 근본 원인으로 상징적 사고를 지적한다. 상징적 사고는 더 넓은 기호적 양식들로부터 창발하고 그와 연속되어 있지만, 세상과 분리된 자의적인 언어 기호들을 생산해 우리 주변의 직접적 세계로부터 우리를 상징적으로 분리시킨다. 다시 말해 상징적 사고는 한편으로 무수한 가상세계를 만들어 냄으로써 거리를 둔 바라보기로 시간과 공간을 넘어서는 문화적 실천을 구축할 수 있도록 하지만, 다른 한편으로 무한한 가능성의 폭주 속에서 신체적 감각과 구체적 장소, 물리적 세계로부터 떨어져 나가게 만들기도 한다. 그에 따라 "나는 생각한다. 고로 나는 나의 존재를 의심한다."라는 물구나무 선 데카르트적 명제가 불안감과 소외감을 끝없이 불러온다.(81~93쪽)

문제는 이러한 불안과 분리의 느낌이 개인의 심리적 차원에만 머무는 것이 아니라 사회의 인식론적 습관이 됨으로써 우리로 하여금 자기중심주의와 인간중심주의에 빠져들게 한다는 점에 있다. 인류학자 그레고리 베이트슨은 『마음의 생태학』에서 자기중심주의의 결과를 이렇게 이야기한다. "모든 마음을 자신의 것으로 가로채 버린다면, 여러분 주위에 있는 세상은 무심한 것이어서 도덕이나 윤리적인 고려의 가치가 없는 것으로 보일 것이다. 환경은 여러분이 착취해야 할 대상으로 여겨질 것이다. 여러분의 생존 단위는 여러분과 여러분의 친척, 또는 다른 사회적 단위들, 다른 인종과 짐승과 식물들의 환경을 상대하는 동종이 될 것이다."[7]

의심하는 나에 사로잡힌 자기중심주의적 인식론은 나의 생존 단위를 지극히 좁은 범위로 제한시켜 타자를 사유 불가능하고 공감할 수 없는 것으로 여기게끔 한다. 요컨대 우리가 겪고 있는 생태 위기의 밑바탕에는 우리 바깥의 타자를 오직 그들로만 여기는 인식론적 위기가 숨겨져 있다. 상징적 사고의 폐쇄성과 생태 위기는 동떨어져 있는 것이 아니다. 따라서 우리는 생존의 의미와 범위를 기존과는 다르게 생각해야 한다. 피부에 의해 경계를 이루는 나의 생존에 관한 좁디좁은 서사를 넘어서 그러한 나를 지탱해 주는 더 큰 우리의 생존에 관해 생각해야 한다.

어떻게 상징적 사고의 폐쇄성에서 탈출할 수 있을까? 콘의 일화는 이렇게 이어진다.

---

7   그레고리 베이트슨, 박대식 옮김, 『마음의 생태학』(책세상, 2006), 695쪽.

몇 분 걸어 콘크리트 블록과 강의 반질반질한 자갈이 만나는 너저분한 마을 어귀에 이르렀다. 나는 그곳의 관목덤불에서 먹이를 찾는 풍금조 한 마리를 발견했다. 쌍안경을 가지고 있었으므로 여기저기 두리번거려 그 새의 위치를 찾아냈다. 새에 초점을 맞추고 쌍안경의 손잡이를 돌려 새의 두터운 검은 주둥이를 렌즈에 선명하게 잡는 순간 나는 갑작스런 어떤 변화를 맞이했다. 분리의 감각이 불현듯 사라졌다. 그리고 렌즈 속의 풍금조처럼 나는 생명의 세계로 되돌아왔다.(90쪽)

콘은 풍금조와의 만남이 자신을 인간적인 것 너머의 세계로 되돌려 놓았다고 고백한다. 이는 우리가 자연과의 만남에서 종종 느끼게 되는 익숙한 감정이기도 하다.

도시학자 티모시 비틀리 역시 『도시를 바꾸는 새』에서 비슷한 경험을 이야기한다. "날개 달린 마법 같은 이 생명체에 집중하는 순간, 우리는 우리만 생각하는 좁은 시야에서 벗어날 수 있다."[8] 이

---

8   티모시 비틀리, 김숲 옮김, 『도시를 바꾸는 새』(원더박스, 2022), 287쪽.

는 마치 집의 창문을 열고 바깥에서 들려오는 새소리에 귀를 기울이는 것과 같다. 의심과 불안에 의해 고립된 모나드처럼 여겨질 때조차 우리는 창을 열고 다른 존재들과 숲의 사고를 우리 안으로 초대할 수 있다. 철학자 질 들뢰즈는 이렇게 말한다. "모나드들이 닫혀 있다 해도, 그것은 수도사, 수도원의 독방 같은 것은 아니다. 왜냐하면 그것들은 같은 세계를 포함하며, 그래서 서로 연대하고 있지 고립되어 있는 것이 아니기 때문이다."[9]

앞서 살펴보았듯 이러한 연속성의 경험은 우리가 종종 잊어버릴지라도 우리를 생존하게 하는 열린 전체의 문제다. 인간 특유의 사고가 지닌 상징적인 관계 방식에만 주목하면 더 넓은 살아 있는 세계를 간과하게 된다. 이 점에서 인간적인 것 너머에 존재하는 다양한 부류의 생명들을 관찰하는 법을 배우는 것은 그 자체가 중요한 윤리적 실천이다. 그런 경험을 통해 우리 너머에 있는 우리를 더 이상 함부로 무시할 수 없게 된다.

지금 우리가 행하고 있는, 기후 위기와 생태 위기를 불러오는 지구와의 폭력적인 관계 방식이

---

9   질 들뢰즈, 이찬웅 옮김, 『주름』(문학과지성사, 2004), 241쪽.

인간의 유일한 행동 방식은 아니다. 인류학자 콘이 루나족과의 만남에서 그리고 아마존 숲과의 만남에서 보여 주었듯 그것은 변화 가능하다. 이 통찰이야말로 인간적인 것을 넘어선 인류학이 우리에게 줄 수 있는 가장 큰 선물이다.

숲은 생각하기에 좋다

『숲은 생각한다』의 한국어판을 기획하고 편집한 것은 내 인생에서 손에 꼽을 만한 행운 중 하나였다.

2013년 미국에서 처음 원서가 나왔을 때 나는 곧 그 소식을 알았지만, 그 당시만 해도 한국에는 너무 생소하고 낯선 책이었기에 바로 번역 기획에 나서기는 어려웠다. 그러다 2016년에 인류학자 차은정을 알게 되면서 인류학의 새로운 흐름을 함께 소개할 수 있는 지적 동료를 발견할 수 있었다. 그해의 한 계절 동안 번역 강독회를 하면서 초벌 번역 원고를 함께 만들었고 기나긴 편집 과정을 거쳐서 마침내 2018년에 완성된 책으로 정식 출간했다.

출간 이후로도 여러 강연회와 독서 모임에서 이 책에 대해 이야기할 기회가 많았는데, 매번 새로운 만남들이 가득해 무척 즐거웠던 기억이 난다.

편집자라고 해서 한 권의 책에 그렇게 많은 노력과 시간을 바치는 경우는 결코 흔치 않다. 내 경우에는『숲은 생각한다』가 삶과 앎이 잘 구분되지 않았던 특이한 책이었다.

번역자 차은정은 이 책이 이른바 존재론적 전회라는 새로운 사상적 흐름에 속한다는 점에 대해 이야기하면서 그 의미를 옮긴이 후기에서 짚고 있다.

다만 '서구 중심의 지식'을 무조건 수용하자는 것도 아니고 새로운 지식의 유행을 좇자는 것도 아니며 지식을 한낱 장식품으로 달고 호기를 부리자는 것도 아니다. 오히려 '존재론적 전회'는 그러한 지식의 사용법을 지양하고 지식의 본연의 역할로 돌아가기를 촉구한다. '존재론적 전회'에서 사고한다는 것, 알아간다는 것, 그리고 살아간다는 것은 결코 분리되지 않으며 각각의 실천은 서로를 자극하고 서로를 보완한다. 즉 '존재론적 전회'는 삶과 앎을 분리하는 기존의 근대적인 사고방식에 대한 전면적인 재고를 요청한다.(440쪽)

물론 삶과 앎은 분리되어야 할 때가 있고 그렇게 해야 더 바람직한 경우도 많다. 그러나 정작 그런 분리가 어떻게 극복될 수 있고 또 어떻게 새로운 관계를 맺을 수 있는지를 정확히 알지 못한다면, 우리는 그 분리 상태에 갇혀 버리고 만다. 앞서 설명했듯 이 책은 구분됨과 연속됨을 분석하는 정확한 방법을 추적함으로써 앎과 삶의 이야기를 새로운 구도 속에 놓으려는 시도였고, 그런 시도는 번역자와 편집자, 독자 모두에게 큰 영향을 미쳤다.

무엇이 삶과 앎을 연결해 줄까? 2022년 상반기의 한 독서 모임에서 이 책을 함께 읽었던 현지예 작가는 "『숲은 생각한다』는 처세서다. 숲의 처세술을 참조하여 보다 세속적으로 살 것"을 요청하는 책이라고 통찰력 있게 지적한 바 있다. 국어사전에 따르면 처세서란 "사람들과 사귀며 세상을 살아가는 방법이나 수단을 적은 책"을 뜻한다. 처세서는 직장에서 살아남는 법, 다른 사람들과 원만하게 관계 맺는 법, 경쟁 사회에서 내 꿈을 이루는 법이 무엇인지를 묻고 답한다. 『숲은 생각한다』를 통해서, 그리고 인류학적 시선을 통해서 알게 되는 것은 아마존 사람들의 생활이나 우리의 직장 생활이나 심지어 고차원적인 철학적 성찰조차도 모두가 지상에서 일어나는 타자들과의 관계 맺기라는 점에서, 또 '알지 못한 채 알아가기'라는 점에서 그리 다를 것이 없다는 통찰이다.

　그렇다면 우리는 처세서에서 흔히 말하는 성장이라는 키워드에 진지하게 주목해 볼 수 있다. 『숲은 생각한다』에서도 성장은 중요한 인류학적 의미를 지닌다. 콘에 따르면 "세계의 습관과 우리의 예측이 충돌할 때에만 비로소 세계의 다른 모습이, 현재 우리의 생각과는 다른 세계의 실존적 현실성이 드러난다. 이 붕괴 다음에 이어지는 시련이 성장이다."(116쪽) 살아 있다는 것과 안다는 것은 어떤 정태적이고 고정적인 상태가 아니다. 하나의 습관이 붕괴되고, 낯선 사건을 포괄할 수 있는 새로운 습관을 배우는 과정 속에서 우리는 산다는 것과 안다는 것 혹은 산다는 것과 일한다는 것이 별개의 과정이 아님을 깨닫게 된다.

　실제로 『숲은 생각한다』는 내게 책을 만드는 일과 그를 통한 삶과 앎의 과정이 "아무리 순간적이라 해도 우리를 둘러싼 세계와 함께하도록 우리 자신을 새롭게 만들어가는 것"(116쪽)임을 깨닫게 해 주었다. 책의 번역 과정, 편집 과정, 출간 후 독서 모임의 과정들까지 내가 참여했기에, 그리고 그 속에서 매번 새로운 시련과 만나며 성장을 거듭했기에 얻을 수 있었던 깨달음이다. 선의와 인내심과 의지만 있다면, 우리가 서로 아무리 다르다 해도 모종의 시련을 통해서 서로를 알아가고, 또 성장하고, 그럼으로써 더 좋은 삶을 함께할 수 있다는 사실을 몸소 경험했던 것이다.

이렇듯 『숲은 생각한다』는 기이한 책이다. 이 책은 책이라는 공통 범주를 제외한다면, 어떤 범주에도 속하지 않아 보인다. 민족지 관찰이라고 하기에는 너무 이론적이고, 이론적이라고 하기에는 아마존 사람들의 사고와 꿈에 가까이 다가간다는 점에서 인류학적이다. 인류학으로 분류하기에는 '인간을 넘어선 인류학'의 차원을 다룬다는 점에서 존재론적이며, 생명과 형식을 다루는 형이상학적 저작이라고 하기에는 '에콰도르 환상동화집'이라고 부를 수 있을 만큼 매혹적인 일화들과 사건들이 가득하다.

이 책을 분류하고 범주화하기 어려운 까닭은 책의 내러티브 자체가 분류할 수도 범주화할 수도 없는, 끊임없이 새로운 방식으로 분류되고 생성되는 세상의 실상을 있는 그대로 보여 주는 것을 목표하기 때문이다. 다시 말해 우리의 근대적인 개념 범주로 환원되기 이전에 벌어지고 있는 사건들을 한층 더 잘 묘사하고 서술하려는 경험적 시도인 것이다. 철학자 브뤼노 라투르가 서평에서 지적하듯 "이 책은 방대한 데이터를 나열한다는 의미에서 경험적인 것이 아니라, 매우 한정된 범위의 미시적 사건들에 집중한다는 의미에서 경험적이다."[10]

최근 문화인류학자 조문영은 인류학 분야 추천 도서로 『숲은 생각한다』를 첫손에 꼽으며 이렇게 말했다. "에두아르도 콘의 『숲은 생각한다』가 먼저 생각납니다. 제가 문화인류학과에 있는데, '문화'도 '인류'도 이제는 살아 있는 존재들을 품기엔 역부족인 단어임을 명징하게 보여 줍니다. 인간적인 것 너머의 인류학에 관한 가장 아름다운 선언문입니다."[11]

공교롭게도 나는 2022년 상반기에만 이 책을 두 번이나 연속 세미나를 통해서 다른 분들과 함께 읽었는데, 읽을 때마다 뭔가 새로운 사실을 깨닫게 된다기보다는 각각의 문장들을 새롭게 느끼고 음미하게 된다. 왜냐하면 이 책은 종종 어떤 "미학적인 해법"을 제공하려 하기보다는 "다만 형식이 나

---

10 Bruno Latour, "On selves, forms, and forces," *HAU: Journal of Ethnographic Theory* Vol.4. no.2(2014), p.261.

11 조문영, 「〔편집위원 인터뷰 Ep.5〕 세상의 배치를 바꿔내는 일」, 《서울리뷰오브북스》 프리미엄 콘텐츠 채널, 2022년 3월 8일.

를 관통하는 어떤 방식들이 이해되기를 바랄 뿐"이라는 '순진한' 태도를 취하곤 하기 때문이다.(320쪽)

확실히 학술적 관점에서 보자면 이런 이야기는 조금은 무책임한 발언이라고 할 수도 있다. 그러나 이처럼 낭만적인 것처럼 보이는 구절들도 사실은 철저히 의도적으로 조직된 것들이다. 『숲은 생각한다』가 "가장 아름다운 선언문"인 이유 중 하나는 이 책이 그 내용으로 말하고자 하는 바를 그 형식과 스타일로도 구현하고 있다는 점에 있다. 이 책은 묘사하고 서술하고 설명하고 해설하는 학문적 저서이지만, 다른 한편으로 아마존의 일화를 들려주고 그곳의 경험을 겪게 하고 꿈꾸게 만드는 이야기책이기도 하다. 경험의 의미론에 관해 이야기하는 동시에 그 경험 자체를 몸소 체험할 수 있도록 우리를 유도하기도 하는 것이다. 여느 예술 작품들이 그렇게 하듯 말이다.

포스트휴먼이라는 말이 성찰 없는 유행어가 되고 있지만, 우리라는 이질적이고 이종적인 연결망은 본래부터 순전히 인간적인 것이었던 적이 없다. 오늘의 철학이 당면한 과제는 그 다중다양한 연결망을 재서술하고 재구성하는 법을 배우는 것이다. 『숲은 생각한다』는 그 한 예시를 우리에게 보

여 준다. 그리고 우리는 알게 된다. 숲은 생각하기
에 좋다는 것을. "왜냐하면 숲은 스스로 생각하기
때문이다."(46쪽)

9장

온몸으로 후퇴하기
—『지구와 충돌하지 않고 착륙하는 방법』(2021)

"그들의 계획을 위해선 여러 개의 행성이 필요했다.
하지만 행성은 오직 하나뿐이다."[1]

우연의 일치라고 하기에는 믿기 힘든 일들이 최근
들어 자주 발생하고 있다. 전 세계를 뒤덮은 코로
나19 팬데믹, 한반도 동쪽에 거대한 자취를 남긴
역대 최대 규모의 산불, 그리고 전국에서 70억 마
리의 꿀벌들이 집단 실종된 사건.

　이 모든 일들의 배후에는 인간과 자연의 관계
가 더 이상 이전과 같이 안정적이지도 예측 가능하
지도 않다는 부정할 수 없는 사실이 자리하고 있다.
이를 기후 위기라고 부르든 인류세라고 부르든 모
든 것은 결코 전과 같지 않다.

1　　브뤼노 라투르, 박범순 옮김, 『지구와 충돌하지 않고 착륙하는
　　　방법』(이음, 2021), 23쪽.

자연의 정치와 마주하여

예전이라면 이런 사건들을 그저 자연 재해라고 불렀을지도 모른다. 그러나 우리는 이제 자연의 정치라는 다소 형용모순적인 표현을 사용해 그런 일들을 다시 묘사해 볼 수 있다. 자연 재해라는 말이 인간이 통제하거나 개입할 수 없는 대자연의 순환 현상을 일컫는다면, 자연의 정치라는 말은 그런 자연 현상이 결코 인간의 정치경제적 행위와 무관하지 않다는 점을 강조한다.

온실가스 배출로 나타나는 기후변화의 양상들은 인류의 행위가 지구 전체의 기후에 끼치는 영향을 보여 주는 데서 그치지 않는다. 거꾸로 그런 기후변화로 인해 인류 자신의 행위가 제약받고 조정되고 재설정되기도 한다. 이는 우리 인류의 행위에 의해 그 항상성과 순환 과정이 달라져 버린 자연이 그 자신만의 고유한 행위성을 갖고서 인류 사회에 영향을 끼치는 되먹임의 과정이다. 이때 자연은 더 이상 인류 사회 바깥에 있는 한낱 배경이 아니라 인류 사회의 정치와 경제에 크나큰 영향을 주는 주요한 행위자로서 부상한다. 그리하여 인간만의 정치가 있다는 생각, 자연은 정치의 행위자가 아니라 그저 배경일 뿐이라는 우리의 근대적 가설이 점차 무너지기 시작한다. 오늘날 인간과 자연은 전례 없이 깊숙하게 얽히고섥켜 있다.

프랑스 철학자 브뤼노 라투르는 오래전부터 이 문제에 천착해 왔으며, 최근에는 2017년 출간한 『지구와 충돌하지 않고 착륙하는 방법: 신기후체제의 정치』라는 책으로 인간의 정치와 자연의 정치가 맞물리는 지점에 정면 개입하고 있다. 여기에서 라투르가 말하는 '신기후체제'란 국가 간 기후 합의 같은 것이 아니라 자연과 인간의 관계가 완전히 새로운 국면으로 진입하는 것을 뜻한다. "마치 무대 배경과 장식이 배우들과 드라마를 공유하기 위해 무대 위로 올라온 것처럼 말이다."[2]

그런데 바로 여기에서 새로운 정치적 문제가 나타난다. 모든 사람들이 이런 생태적 전환의 방향에 동의하는 건 아니기 때문이다. 실제로 『지구와 충돌하지 않고 착륙하는 방법』은 일련의 충격적인 정치적 사건들의 여파 속에서 쓰였다. 이 책이 집필되고 있던 시기인 2016년 6월 영국에서는 브

---

2   Bruno Latour, *Facing Gaia: Eight Lectures on the New Climatic Regime*(Polity, 2017), p.3.

렉시트 국민투표가 통과되었고, 같은 해 11월 미국에서는 도널드 트럼프가 대통령으로 당선되었다. 2017년에 정식 출간된 이 책의 원제는 '어디에 착륙할 것인가?'이며, 부제는 의미심장하게도 '정치에서 우리 자신의 방향을 설정하는 방법'이다.[3]

이렇듯 이 책은 시의적인 정치적 개입을 의도하고 있지만, 그 목표와 방식이 우리가 앞에서 다룬 동시대 정치철학서들과 상당한 차이가 있다. 같은 해 일본에서 출간된 『관광객의 철학』이나 이듬해 출간된 『나와 타자들』과 같은 정치철학서는 인간과 인간 사이의 정치적 갈등, 특히 포퓰리즘의 부상 속에서 기존의 정치 규범이 붕괴되고 전혀 다른 정치적 전선이 그어지는 상황에 주목했다. 하지만 두 책 모두 기후변화의 문제, 생태 위기의 문제는 전혀 다루지 않았다. 인간의 정치와 자연의 정치를 철저히 구분하는 근대적 이분법의 가설 위에서 있었기 때문이다.

반면에 라투르의 책은 이 문제를 전면에 내세우면서 트럼프와 같이 기후변화를 부정하는 사람

---

3   Bruno Latour, *Où atterrir: Comment s'orienter en politique* (La Découverte, 2017).

들과 첨예한 대립각을 세운다. 나아가 라투르는 이렇게 하지 않는다면 "지난 50년간의 정치에 관해 아무것도 이해할 수 없다."라는 도발적인 가설까지 제기한다. "우리가 신기후체제에 들어섰다는 생각 없이는 불평등의 폭증, 탈규제가 영향을 미치는 범위, 글로벌화에 대한 비판을 이해할 수 없고, 가장 중요하게는 국민국가의 보호로 귀환하려는 광적인 갈망을 파악할 수 없다."(18쪽) 이런 주장이 너무 과장된 것은 아닐까 하고 합리적으로 의심할 수도 있지만 그보다 중요한 것은 이런 관점을 통해서 어떤 새로운 통찰이 가능한가 하는 것이다.

우리 스스로에게 이렇게 물어보면 어떨까. 어째서 우리는 기후변화의 문제를 우리 자신의 문제로 여기지 못하는 걸까? 어쩌면 우리가 자연스럽다고 느끼는 일상의 감각, 정상적 삶의 감각에 뭔가 잘못이 있는 것은 아닐까?

소설가이자 인류학자 아미타브 고시의 논의를 잠시 따라가 보자. 그는 『대혼란의 시대』에서 "기후 위기는 문화의 위기이고, 따라서 상상력의 위기"라고 말한다.[4] 문화가 욕망이자 다른 것의 은폐

---

4   아미타브 고시, 김홍옥 옮김, 『대혼란의 시대』(에코리브르, 2021),

라고 할 때, 기후 위기란 근대적 삶이 만들어 온 욕망과 그것이 은폐한 것의 귀결이기 때문이다.

근대는 무엇을 욕망하고 무엇을 은폐했는가? 예를 들어 19세기부터 유행한 사실주의 소설 양식은 자연을 온건하고 질서 정연한 것으로 가정했다. 현실과 일상을 제대로 묘사하는 사실주의 소설이라면 있을 법한 일을 묘사해야지, 황당무계하거나 기상천외한 것은 배제해야 했다. 그리하여 근대에는 전 세계적으로 "있을 법하지 않은 일을 추방하고 일상을 부각하는 소설이 태동하기에 이른다."[5] 실로 당시의 부르주아적 삶의 양식이 그러했으며, 인간과 자연의 관계 또한 그러했다.

문제는 이미 오늘날의 현실에서 시효가 지나가 버린 이런 근대적 상상력이 일종의 마음의 습성이 되어 우리에게로 여전히 이어져 내려오고 있다는 사실이다. 그 때문에 우리는 "있을 법하지 않음에도 불구하고 초현실적이지도 마술적이지도 않는" 기후변화를 제대로 상상할 수가 없다.[6] 평범하고 정상적인 일상생활은 언제까지나 이어질 것만

19쪽.
5   앞의 책, 30쪽.
6   앞의 책, 42쪽.

같다. 우리는 근대의 문화 형식이 욕망하는 것(있을 법한 일상)과 그것이 은폐하는 것(있을 법하지 않은 기후변화의 귀결)으로 인해 스스로가 처한 곤경의 실상을 제대로 인식하지 못하고 있는 셈이다.

다시 라투르의 책으로 돌아오자. 이제 라투르가 말하는 신기후체제나 그의 도발적인 정치적 가설이 그저 허황된 것으로 들리지 않을 것이다. 기후변화와 불평등, 기후변화와 신자유주의, 기후변화와 세계화, 기후변화와 민족주의, 그리고 기후변화와 전쟁. 그동안 우리가 인간의 정치에 집중해서 후자의 변화만을 보았다면, 이제 우리는 그 밑바탕에 있는 자연의 정치, 기후변화, 결국 지구라는 행위자를 진지하게 고려하기 시작해야 한다. 요컨대 우리에게는 새로운 정치생태학적 상상력이 필요하다. 그럼 이제 라투르의 책과 더불어 이 초현실적인 세계에서 우리 자신의 방향을 설정하는 방법을 탐색해 보자.

근대화인가, 생태화인가?

우선 라투르가 제시하는 하나의 가설 혹은 정치적 픽션에서 시작하자. "불평등의 폭발적 증가와 기후변화 부정은 같은 현상이다."(14쪽) 라투르 자신이 말하듯 이 책을 쓰게 된 계기에는 도널드 트럼프가 2017년 미국 대통령 취임 직후 파리기후변화협약 탈퇴를 선언한 충격적인 사건이 있었다. 이건 마치 전 세계에 이렇게 말하는 것과 같았다. "우리 미국인은 당신들과 같은 지구에 있지 않아. 너희들의 지구는 위협받을지 모르겠지만, 우리의 지구는 괜찮아!"(20쪽)

라투르는 이 사건, 즉 공통 세계라는 이상을 포기하고 지배 계층이 말 그대로 지구로부터 도주를 선언한 사건이 결코 우연한 일이 아니라고 말한다. 유럽연합으로부터 탈주를 선언한 영국의 브렉시트, 이주민을 거부하는 배타주의적 흐름의 부상이 보여주듯 국경을 자유롭게 개방하려 했던 글로벌화의 꿈은 무너져 내리고 있다. 2022년의 시점에서는 러시아의 우크라이나 침공이라는 또 다른 극단적 사례를 추가할 수 있을 것이다.

라투르는 이 일련의 사건들에서 우리 시대의 새로운 지리-정치적 대립 전선을 읽어 낸다. 그가 보기에 지난 50년 동안 글로벌화라고 불린 것에는 두 가지 상반된 현상이 있었다. 로컬에 매몰된 태도에서 개방적인 글로벌화로의 관점 전환은 더 많은 다양성과 개방성, 더 많은 가치의 관용을 위한 글로벌화-플러스의 다원주의적 비전을 제시했다. 그러나 그 이후 실제로 나타난 글로벌화의 흐름은 각종 규제 완화와 세금 회피를 통해 극소수의 경제적 이익을 추구하는 글로벌화-마이너스의 편협한 비전으로 전락했다. 글로벌화에 저항해 로컬의 영토로 다시 회귀하려는 반동주의가 등장하는 것은 당연한 일이다.

그런데 여기에도 두 가지 상반된 비전이 있다. 로컬-마이너스가 다양성을 배제하고 자신들의 영토적 이익을 추구하는 또 다른 형태의 편협한 비전이라면, 로컬-플러스는 지역의 다양성을 보전하려면 "땅, 장소, 토지, 공동체, 공간, 사회문화적 환경, 삶의 방식, 교역, 기술에 대한 사람들의 소속감을 보호하고 유지하며 확인하는 것"이 필수적임을 이해하는 포용적 비전이다.(35쪽) 문제는 글로벌화-마이너스에 의한 세계화된 경제적 불평등과 로컬-마이너스에 의한 정치적 배타주의가 끝없이 대립하면서 정치적 불모 상태를 만들고 있다는 점이다. 이러한 지리-정치적 대립 상황 속에서 우리는 "어떤 땅에 기반을 두는 것과 글로벌 세계에 접근할 기회를 얻는 것" 모두를 재수립해야 하는 새로운 과제와 마주하고 있다.(31쪽).

이 시기 등장한 트럼프로 대변되는 엘리트 정치 세력은 이 대립 구도 바깥에 외계라는 제3의 경로를 도입했다. 외계는 "지구의 현실에 더는 개의치 않는 사람들의 지평선"(58쪽)이라 할 수 있다. 이는 기후변화를 부정하고 자신들의 현재 이익에만 관심을 두며 로컬-마이너스와 글로벌-마이너스에 의해 만들어지는 각종 폐해를 못 본 체하려는 불가능한 탈출의 비전이다.

그렇다면 이와 정반대되는 위치에 제4의 경로도 있지 않을까? 그것이 바로 앞서 보았던 자연의 정치, 신기후체제 정치의 밑바탕에 있는 대지라는 경로다. 대지 혹은 지구가 인간 행위의 배경에 있는 물질적 틀만이 아니라 행위의 주요한 참여자로 등장한다면, 이제 지리-정치적 갈등은 외계 대 대지 혹은 근대화 대 생태화라는 축을 중심으로 재편될 수 있다.

라투르의 주된 논점은 근대주의 정치와 정치생태학을 대결시키는 것이다. 그는 오늘날 진정한 정치적 적대는 좌파와 우파, 진보와 보수 사이에 있는 것이 아니라 무한한 근대화 추구와 지구적인 것의 유한한 조건 사이에 놓여 있다고 보았다.

외계를 향한 탈출은 무한한 근대화 추구의 한 가지 극단적인 사례일 뿐이다. 이렇게 물어보면 어떨까. "우리가 땅을 점유하는 것이 아니라 실제로는 땅이 우리를 점유하고 있다면?"(67쪽) 근대 사회에서 진보란 땅과의 관계를 끊어 버리고 광활한 외계로 나아가는 것을 의미했다. 좌파와 우파로 나뉘어 있는 근대주의 정치는 실상 그 둘 모두가 국민국가의 무한발전을 지향한다는 점에서 로컬-글로벌이라는 이분법적 구도에서 벗어나지 못하며, 국가의 경계를 넘어서는 생태학적 문제를 진지하게 고려하지 못한다.

라투르가 대안으로 제시하는 정치생태학은 사회 투쟁과 생태 투쟁을 연결시키고 지리-사회적 위치를 다층적으로 고려하는 정치 모델이다. 이는 로컬로도 글로벌로도 환원되지 않는데, 왜냐하면 "대지는 지구와 토지에 묶여 있지만, 국경과 일치하지 않고 모든 정체성을 초월"하는 것이기 때문이다.(82쪽)

상황이 이러하다면 정치적 동맹을 맺어야 할 집단들 또한 기존과는 사뭇 달라진다. "기존의 줄 세우기에서 명백히 '반동주의자'였던 사람 중에서 협력자를 찾아야 한다. 또한 기존의 기준에서 볼 때 분명히 '진보주의자'이고 아마도 '자유주의자' 또는 심지어 '신자유주의자'라고 할 수 있는 사람들과도 동맹을 맺어야 할 것이다."(79쪽) 신기후체제의 정치에서는 누가 진보이고 누가 반동인지를 결정할 공유된 지평선이 없다. 게다가 이 동맹은 인간에만 한정되지 않으며, 반란을 일으키는 행위자는 더 이상 인간만이 아니다. 19세기가 사회 문제의 시대였다면, 21세기는 지리-사회적 문제의 시대가 된 셈이다.

하지만 여전히 지금도 정치생태학적 접근법은 일종의 환경정치, 즉 환경부에서 처리해야 할 특수 업무 정도로만 여겨지고 있다. 라투르는 "계급 투쟁의 노병과 지리-사회적 갈등의 신병이 합쳐지지 않는 결정적 이유"를 근대적 자연 개념이 여전히 존속하고 있다는 데서 찾는다.(96쪽) 좌우파 이분법이 자연의 인식론, 즉 우리 바깥에 있으며 변치 않는 객체로서의 자연의 인식론에 고착되어 있는 한, 정치생태학을 진지하게 받아들일 수 있는 가능성은 없다.

그래서 라투르는 다양한 연구 사례를 통해 과정으로서의 자연, 행위자로 구성된 세계 개념을 새롭게 제시하고, 우리가 지구의 임계영역에 살고 있음을 상기시킨다. 다시 말해 우리는 "행성으로서의 지구가 아니라 생명체의 출현 이래 거주한 유일한 곳인 몇 킬로미터 두께밖에 안 되는 임계영역으로서의 지구"에 살고 있다는 것이다.(11쪽) 이 임계영역은 아무런 노고 없이 주어진 것이 아니라 그 안에 살고 있는 생명체들이 행성과의 상호작용 속에서 만들어 낸 공동생산의 산물이다.

　행성적 관점이 모든 것을 공중에서 본다면 대지적 관점은 모든 것을 가까이에서 자세히 살핀다. 결국 행성적 관점의 진보와 근대화 그리고 엘리트들의 도주는 이와 같은 공통의 대지적 문제를 외면하는 것에 다름 아니었던 셈이다. 이제 우리가 대면해야 하는 기후변화의 과제는 정치학이나 경제학 차원의 문제를 넘어서 문명 그 자체의 문제에 가까워지고 있다.

인류세를 함께 생각하는 법

철학자 한나 아렌트는 1958년 출간된 『인간의 조건』 서론에서 "지구는 가장 핵심적인 인간조건이다. 우리 모두가 아는 것처럼, 지구는 우주에서 유일한 인간의 거주지이다."라고 말한 바 있다.[7] 아렌트가 이 말을 쓴 것은 인류 최초의 인공위성 스푸트니크 1호가 1957년에 발사된 직후의 일이었다.

아렌트는 지구로부터 우주로의 탈출을 기원하는 것 혹은 지구라는 감옥으로부터 탈출을 소망하는 것이 근대의 세계소외를 보여 주는 현상이라고 해석했다. 물론 우주를 향한 인류의 모든 움직임을 그렇게 보는 것은 부당한 일이 되겠지만, 최소한 기후변화를 부정하면서 외계로의 탈출을 시도하는 트럼프식 정치에 대해서라면 아주 적확한 지적일 것이다.

아렌트의 말대로 인간의 미래는 유일한 거주지인 지구의 운명에 매여 있다. 인류뿐 아니라 지구에서 태어난 모든 생명은 지구 없이 존속할 수 없다. 게다가 앞서 보았듯 우리가 실제로 살고 있는 임계영역은 지구와 생명체들이 협력해 만들어 놓은 지구의 얇은 표면에 불과하다. 행성적 관점이 아니라 대지적 관점에서 세상을 본다는 것은 이 임계영역의 소중함과 그 공생의 의미를 되새기는 일이다. 생명과 인류가 살아가는 지구란 공간은 그처

---

7   한나 아렌트, 이진우·태정호 옮김, 『인간의 조건』(한길사, 1996), 50쪽.

럼 좁디좁으며, 생명체들의 참여로 그 항상성이 유지된다. 그러나 불행하게도 인류는 이 유일한 거주지에서 살아갈 수 있는 가능성을 스스로 파괴하고 있다.

이렇듯 우리는 인류세에 살아간다. 인류세란 무엇인가? 어느 시점에 인류세가 시작되었는지에 관해서는 논의가 분분하지만, 중요한 건 인간 활동이 지구 표면의 지질학적 환경에 커다란 영향을 끼치기 시작했다는 사실이다. 인류세를 굳이 과학적으로 규정하고 그 정확한 발생 시점을 따지는 이유는 기후에 대한 인류의 영향이 지나치게 커져서 인류 자신조차 그것을 되돌리는 일이 점점 더 불가능해지고 있기 때문이다. 이 점에서 인류에 의한 기후변화는 근대의 또 다른 세계소외일지도 모른다.

라투르의 『지구와 충돌하지 않고 착륙하는 방법』은 기후변화에 관한 책일 뿐 아니라 인류세 시대의 철학을 제시하는 책이기도 하다. 여기에서 핵심 물음은 지구 탈출을 선언하며 외계로 향하려 하는 트럼프식 정치와 맞설 방법을 찾는 것이다. 우리는 공통 세계의 이상을 어떻게 되찾을 수 있을까?

이 물음에 대해 라투르가 내놓은 대답은 한마디로 말해 땅으로, 대지로, 지구로 내려와야 한다는 것, 즉 착륙해야 한다는 것이다. 현대 정치가 거의 공황 상태 같은 현기증에 휩싸여 있는 것처럼 보인 다면, 그것은 현대 세계가 행선지를 잃어버린 채 추락하고 있는 비행기와 같은 상황이기 때문이다. 팬데믹, 전쟁, 산불, 혼란스러운 선거 결과가 우리에게 보여 주는 것은 정치적 방향 상실의 감각이다.

우리는 자신을 더욱더 근대화해 다른 선진국을 추월하는 새로운 경제성장을 이룩해야 하는지, 아니면 인류세와 대면하여 탈성장의 길로 접어들어야 하는지를 제대로 판단하지 못하고 있다. 우리가 어디에 있는지, 어디에 착륙해야 하는지를 모르기 때문이다.

라투르는 『지구와 충돌하지 않고 착륙하는 방법』의 마지막 장에서 "구대륙을 위한 개인적인 변호"를 군이 덧붙인다. 여기에서 구대륙이란 라투르 자신이 속해 있는 유럽연합을 말한다. 더 이상 미국의 지원을 기대할 수 없는 현실 속에서 라투르는 기후변화에 대응하기 위해 유럽이 선도적으로 나서야 한다고 부르짖는다. 기후변화의 기원에는 제국주의 시대 이래로 전 세계를 강제로 세계화시킨 유럽의 책임이 있다는 자기 인식에서다. 이를 결자해지라고 볼 수도 있겠지만, 어떤 점에서 라투르의

태도는 일종의 유럽중심주의로의 회귀로 보일 수
도 있다. 하지만 내가 보기에 이는 유럽의 근대성
이 만들어 낸 기후변화에 대하여 유럽인 자신이 책
임을 지는 근대성의 리콜(회수 조치)이 필요하다는
주장에 가깝다.

어찌 되었건 결론은 명확하다. 우리가 어디든
착륙할 장소를 찾아야 한다면, 우리는 각자의 역사
를 되돌아보면서 서로 다른 장소에서 그 나름대로
의 착륙 방법을 배워야 한다. 그리고 이제는 우리
가 대답할 차례가 되었다. 예를 들어 아미타브 고
시는 기후 문제를 둘러싼 담론이 여전히 유럽 중심
으로 이루어지고 있음을 지적하며 아시아의 책임
을 이야기한다. 아시아에 거주하는 막대한 인구수
로 볼 때 기후변화의 잠재적 피해자 대다수가 이시
아인이 될 것이기 때문일까? 아니다. "기후 위기를
막다른 길로 몰아간 것이 다름 아니라 1980년대에
인구 밀도가 가장 높은 아시아 국가들에서 시작된
급격하면서도 광범위한 산업화이기 때문이다."[8]

아시아 신흥국가들의 성장은 분명 대혼란의
시대를 앞당기는 데 결정적 역할을 담당했다. 우리

8   아미타브 고시, 앞의 책, 126쪽.

는 더 이상 기후변화를 유럽이라는 타자가 야기한 문제라고만 여길 수 없다. 우리 자신의 풍요로운 삶이 알게 모르게 기여하고 있는 기후변화의 부정적 측면에 대해 더 많은 관심을 기울여야 하는 것이다. 우리는 "우리가 일으킨 결과를 감당하며 사는 법을 배워야 한다."(42쪽)

물론 두 대륙에서 기후변화에 미치는 정도와 피해의 규모가 똑같은 것은 아니다. 과학기술학자 가브리엘 헥트는 「아프리카 인류세」라는 글에서 다음과 같이 지적하기도 한다. "유럽 대신 아프리카를 중심으로 인류세를 분석하는 모험을 시작한다면, 인류세의 어떤 이미지가 떠오를까? 아프리카에서 온 광물들은 식민주의의 동기가 되고 산업화의 동력이 되었다. 추출된 광물들은 인류세의 연료가 되었다."[9] 그러면서 헥트는 금과 우라늄을 캐기 위한 채굴 작업이 아프리카 각지에 남겨놓은 거대한 상흔을 이야기하고, 그 남겨진 광산에서 나오는 독성 잔여물이 현재 아프리카에서 심각한 대기오염을 일으키고 있으며 아프리카 청년들의 폐에 부

---

9   가브리엘 헥트, 조승희 옮김, 「아프리카 인류세」, 《에피》 8호 (2019), 60쪽.

정적 영향을 끼치고 있다고 말한다. 인류세는 아프리카 사람들의 폐 속에 새겨지는 중이다. "이것이 바로 인류세를 이해하려면, 특정 장소들에서 그리고 행성 전체에서 바라보는 두 관점 사이에서 방향을 번갈아 바꿔가며 보아야 하는 이유"라고 헥트는 결론짓는다.[10]

이렇듯 기후변화와 인류세의 양상은 각 대륙, 각 나라, 각 지역마다 동일하게 작용하지 않는다. 인류세라는 말은 실제 사태를 다소 평준화시키는 용어라는 한계를 갖고 있다. 그렇다면 우리는 인류세를 생각하되, 다른 사람들과 "함께" 인류세를 생각해야 한다.

한 나라 안에서조차 "어떤 이는 어디에서나 전쟁을 목격하고 다른 이는 완전히 못 본 척한다." 이것은 우리가 직면한 또 다른 문제다.(127쪽) 플라스틱 사용, 육식 문제, 원자력 발전 등 우리 일상생활과 결부된 수많은 정치생태학적 이슈들에 어떤 이는 몸소 참여하지만 다른 이는 눈을 돌린다. 그렇다면 무엇을 해야 할까? 어떻게 함께 생각하고 더불어 행동할 수 있을까?

10   앞의 글, 71~72쪽.

라투르는 "먼저 대안적 서술을 만들어 내야 한다."라고 지적한다.(133쪽) 행동하기 위해서는 먼저 세계의 실상에 대해 서술하고 묘사해야 한다. 서술의 단계를 생략할 수 있는 정치는 없다. 공유된 경험 없이는 그 어떤 위기도 그 자체로 인식될 수 없기 때문이다. 그간의 글로벌-마이너스의 세계화 흐름은 오직 경제적 효율성이라는 논리 하나로 세계의 실상에 대한 서술 작업을 마치 불필요한 것처럼 만들어 왔다. 우리는 효율성 논리로 환원되지 않는 생태적 다양성의 풍경, 지리-사회적 갈등의 복잡한 양상, 그리고 자연과 사회의 이분법으로는 파악할 수 없는 중간 영역들을 서술하기 위해 노력할 필요가 있다. 너무 크고 동시에 너무 작은 문제를 어떻게 다룰 것인지를 존재마다, 사람마다 목록을 만들고 검사하고 측량하지 않는다면 정치적으로 행동하는 것도 불가능할 것이다.

독서 모임을 같이했던 김세영 편집자는 라투르의 책과 『숨을 참다: 코로나 시대 우리 일』[11]을 연결하는 서평에서 대안적 서술을 어떻게 만들어야

---

11   익천문화재단 길동무·직장갑질119 기획, 『숨을 참다: 코로나 시대 우리 일』(후마니타스, 2022).

하는지에 대한 좋은 예시를 보여 준다. 코로나 시대에 있었던 격리의 경험은 우리가 살고 있는 거주지를 달리 보게 했다. 그런데 이때 중요한 물음은 '나는 누구인가?'가 아니라 '나는 무엇으로 사는가?'다.[12] 후자의 물음은 우리를 다른 사람들, 다른 노동들, 다른 환경들과 연결시킨다. 우리를 살게 하는 것은 우리가 먹는 것이다. 음식 주문이 온라인상의 클릭 한 번을 통해 가능할지라도 그것들은 결국 대지 위에서 여러 힘겨운 과정을 거쳐 일어나는 실제 활동들이다. 우리가 묘사하고 서술해야 하는 것은 바로 그런 활동들이고, 그런 활동들 속에서 일어나는 배제와 비가시화의 차원들이다. 기후 위기와 코로나 시대의 노동이 따로 떨어져 있지 않은 것이다.

이러한 서술 작업은 과학과 이성 없이는, 삶에 대한 세심한 관찰 없이는 결코 할 수 없는 일이다. 그럼 우리에게 어떤 과학과 어떤 인문학이 필요할까? 인문학은 더 이상 지구 탈출을 꾀하는 행성적 관점의 과학이나 세계로부터 자아 속으로 도피할 수 없다. 우리에게 필요한 과학과 인문학은 과정으

---

12   김세영, 「숨들의 목록 쓰기」, 《릿터》 35호(2022), 251쪽.

로서의 자연, 과정으로서의 사회 및 자아와 마주하고, 정치생태학적 이슈들에 깊숙이 개입하는 것이어야 한다.

라투르가 말하듯 우리가 이제 도망칠 수 없다고 하더라도 "같은 장소를 다른 방식으로 살 수는 있다."[13] 그리고 다른 방식으로 살기 위해서는 지금까지와 같이 앞으로 전진하는 법이 아니라 후퇴하는 법을 배워야 한다.

한편 트럼프식의 기후변화 대응을 풍자한 영화 「돈 룩 업(Don't Look Up)」을 감상한 독자가 있다면 지금까지의 이야기에서 일종의 데자뷔를 느꼈을지도 모르겠다. 실제로 철학책 독서 모임에서 곽성우 편집자는 책을 읽으며 「돈 룩 업」이 생각났다고 말했다. 그 영화가 이 책의 메시지를 고스란히 표현하는 것은 아니지만, 영화와 책이 세계에 대한 문제의식을 공유하고 있다는 점에서 그렇다는 것이다. 말하자면 권력층은 이 세계에서 결코 우리 모두가 행복해질 수 없다는 것을 너무나 잘 알고 있고, 그래서 자신들이 살아남을 방도를 뒤에

---

13   브뤼노 라투르, 김예령 옮김, 『나는 어디에 있는가?』(이음, 2021), 83쪽.

서 은밀히 꾸미면서도 앞에서는 좋은 이야기만 늘어놓는다는 비판적 문제의식 말이다.

이렇게 보면 글로벌과 로컬, 진보와 보수, 복지와 시장이라는 이분법은 엘리트들의 연극 같은 것에 지나지 않는다. 그런 연극을 벗어나기 위해서는 진정한 정치적 전선을 어디에 그어야 할지를 고민해야 하는데, 외계와 대지 사이에서 선을 긋는 이 책이 바로 그 문제의식을 정확히 짚고 있다는 이야기다.

세계적 석학으로 불리는 스티븐 핑커, 한스 로슬링 등과 같은 신낙관주의자들은 다양한 팩트를 통해서 빈곤이 줄어들고 무지가 감소하고 기대수명이 늘어나는 등 인간의 고통이 그 어느 시절보다 줄어들었으며 세상이 점점 더 좋아지고 있다고 말한다. 한편으로 보면 맞는 말이다. 그러나 다른 한편으로 보면 이들이 잘 인용하지 않는 또 다른 팩트가 있다. 산업혁명 이래로 생물 다양성이 감소되었고, 지구 온난화로 인해 여섯 번째 대멸종이 현실화하고 있으며, 기후 재난이 임박했다는 어두운 사실이다. 과연 우리는 최선의 세계에 살고 있는가, 아니면 최악의 세계에 살고 있는가? 인류의 개선과 행성의 파괴는 떼려야 뗄 수 없는 관계인가?

풍요의 밝은 면과 어두운 면을 완전히 분리하는 것은 불가능하다. 인간의 풍요를 가능하게 해온 밑바탕에는 인간이 아닌 것들이 희생양이 되어 온 역사가 있다. 근대의 경제적 역동성과 발전은 생태적 뒤얽힘의 망각을 통해서만 가능했다. 정치생태학을 통해 세상을 본다는 것은 그러한 뒤얽힘에 시선을 던진다는 의미다. 자연으로부터의 해방을 추구했던 근대화 프로젝트를 근본부터 다시 생각한다는 의미이기도 하다. "요컨대 기후변화와 생태진화적 역동성의 붕괴는 자연의 위기가 아니라 자율성 프로젝트의 재정의를 요구하는 사건이다."[14] 우리는 근대인이 지닌 자율성의 의미, 곧 자유와 해방의 의미를 처음부터 재규정하고 재발명해야 하는 시점에 서 있다. 생태적으로 유한한 세계에서 무한한 인간의 자유가 불가능하기 때문이 아니라, 자연과 지속 가능한 관계를 맺어야만 진정한 자유가 가능하기 때문이다.

이 책이 던지는 이러한 문제의식을 상기하면서 김세영 편집자는 오히려 책을 읽고 힘이 나는

---

14   Pierre Charbonnier, *Affluence and Freedom: An Environmental History of Political Ideas*(Polity Press, 2021), p.10.

기분이 들었다고 했다. 라투르는 '무엇을 할 것인가?'라는 물음을 회피하지 않고 우선 대안적 서술을 마련해야 하고, 우리가 거주하는 공통 세계에 무엇이 필요하고 무엇이 필요치 않은지의 목록을 작성해야 한다는 점을 분명하게 언급하고 있기 때문이다. 물음을 던지고 스스로 답을 찾아갈 때 비로소 우리는 자신의 무지를 깨달을 수 있다. 그 점에서 신자유주의 헤게모니가 무너진 이후에 무엇이 올 것인가 하는 문제에 대한 답을, 아니 그 이후에 올 새로운 물음을 이 책과 그 후속작에서 찾을 수 있기도 하다. '어디에 착륙할 것인가?', 그리고 '나는 어디에 있는가?'

라투르는 2021년 출간한 『나는 어디에 있는가?』에서 전작과의 관계를 다음과 같이 서술한다. "그 책은 격리라는 시련이 닥치기에 앞서 여전히 '위에서부터' 상황을 바라보았다. 따라서 어떤 의미에서 지금 이 책은 불시착 이후를 다룬 보고서라 할 수 있다."[15] 『지구와 충돌하지 않고 착륙하는 방법』이 약간의 거리를 두고서 미래의 선택지를 조망하는 책이라면, 팬데믹 와중에 쓰인 『나는 어디에

15   브뤼노 라투르, 앞의 책, 185~186쪽.

있는가?』는 모두가 공유하는 공통 감각에서 출발한다.

팬데믹은 우리가 공통 세계의 이상을 포기했을 때조차도 공통의 바이러스를 공유할 수밖에 없는 공동적 존재임을 드러냈다. 격리와 봉쇄라는 고통스러운 시련이 신기후체제에 적응할 수 있게 도와준 계기가 된 셈이다. 라투르 자신이 이렇게 말하고 있다.

"내가 줄곧 제안해 왔던 이것을 갑자기 모든 사람이 온몸으로 이해하기 시작했다."(12쪽)

시인 김수영은 시를 쓰는 일이 "온몸으로 동시에 밀고 나가는 것"이라고 말했는데,[16] 어쩌면 기후변화와 인류세라는 거대한 문제에 대처하는 일도 그와 같은 것인지 모른다. 그것이 생사가 걸린 문제, 온몸으로 싸워야 하는 문제가 될 때 우리의 세계관, 우리의 우주론, 우리의 생활양식, 결국 우리의 미래상 자체가 달라진다. 그렇다면 '온몸으로 후퇴하기'가 우리의 새로운 구호가 될 수 있을까?

---

16   김수영, 『시여, 침을 뱉어라』(민음사, 2022), 10쪽.

지구를 들어 올리는 지렛대

2022년 새해 초에 있었던 한 친구의 일화가 떠오른다. 근처 냇가에서 탐조 활동을 시작하면서 그 친구는 조그마한 새해 다짐을 고백했다. "올해 꼭 하고 싶은 중요한 두 가지가 있어. 하나는 새를 관찰하는 거고, 다른 하나는 새를 관찰하는 길에 쓰레기를 줍는 거야."

쓰레기 하나 줍는다고 인류세와 맞서 싸울 수 있을까 의문이 들지도 모르겠다. 그러나 나는 그런 활동이 또 다른 활동과 또 다른 생각을 연쇄적으로 불러오는 하나의 지렛대라고 생각한다. 라투르가 말하듯 우리가 겪는 진짜 문제는 글로벌화-마이너스가 "종속의 원인과 효과에 대해 말 그대로 우리의 눈을 가려 왔다는 점"이며, "그렇기에 일반적으로 불평하려는 경향이 생기고 상황을 바꿀 수 있게 해줄 지렛대가 더는 없다는 생각을 품게" 되었다는 점이다.(135쪽) 현실은 결코 그렇지 않다. 지렛대는 어디에나 있다. 모든 것이 모든 것의 지렛대가 될 수 있다. 우리가 무한히 작다고 말하는 이 작은 변화야말로 진정한 행위이기 때문이다. 그 친구는 지금도 그 활동을 계속하면서 때때로 SNS를 통해 이를 이야기하고 있다.

결국 이 책에서 라투르가 추구했던 목표는 정치에서 우리 자신의 방향을 설정하는 방법이었고, 이를 위해서는 대안적인 지도 그리기 작업이 필요했다. "이때 지도 그리기는 언제나 하나의 개입이다."[17]

대안적인 지도 그리기는 인간만의 정치학, 인간만의 경제학으로는 인지할 수 없었던 생태정치적 뒤얽힘의 지도를 그려 내고, 우리가 보지 못했으나 이미 존재하는 대안들을 가시화한다. 그렇다면 우리는 여기에서 라투르의 마지막 말을 낭독하며 마칠 수 있을 것 같다.

"여기까지 내 이야기를 마친다. 그리고 당신이 원한다면, 이제 당신의 의견을 들려줄 차례다. 당신은 어디에 착륙하고 싶은지, 누구와 함께 장소를 공유하며 살아가기로 했는지 이야기해 달라."(149쪽)

---

17   조지프 슈나이더, 조고은 옮김, 『도나 해러웨이』(책세상, 2022), 195쪽.

감사의 말

많은 분들이 이 책이 만들어지는 데 도움을 주셨다. 내 손을 거치기는 했지만 결코 내 머릿속에서는 나올 수 없는 많은 것들이 책 속에 담겨 있다. 독창적인 부분이 있다면 그것은 그분들이 내게 선물해 준 것이다.

이 책은 2021년 4월부터 2022년 5월까지 1년에 걸쳐 쓰였다. 본문의 내용은 이전에 지면에서 발표되거나 출판된 적이 없다. 다만 일부 내용은 개인 페이스북 페이지에 올린 내용을 바탕으로 하고 있다. '좋아요'와 댓글과 공유를 통해서 글쓰기에 응원과 공감을 보내 주신 분들이 없었다면 집필 과정은 훨씬 더 힘들고 고독했을 것이다. 이 자리를 빌려 감사드린다. 서문 중 일부 내용은 2022년

5월 11일에 열린 '민음사 춘계 학술대회: 탐구하는 생활'에서 발표된 바 있다. 당시 자리에 참여해 주신 분들의 지지와 격려가 책을 마무리 짓는 데 큰 힘이 되었다. 다시 한 번 감사의 말씀을 드린다.

내가 기억하기로 이 책의 집필 의뢰는 2020년 6월에 이루어졌다. 멀리 일산까지 몸소 찾아와 주신 신새벽 편집자와 이한솔 편집자의 제안이 없었다면 이 책을 쓸 엄두조차 내지 못했을 것이다. 아니, 이런 글들이 한 권의 책이 될 수 있으리라고 생각지도 못했을 것임에 틀림없다. 소중한 제안에 감사드린다.

담당 편집자인 신새벽 편집자에게는 특별히 감사를 드려야 마땅하다. 평범한 인문 편집자인 나를 발굴해 철학책 편집자라는 타이틀을 부여하고, '편집자를 위한 철학 독서회'를 기획하고, 『철학책 독서 모임』이라는 책을 쓰게 만든 모든 배경에는 항상 그의 존재가 있었다. 신새벽 편집자는 이 책의 시작부터 지난한 집필 과정에 이르는 모든 순간에 탁월한 편집자의 역량을 보여 주었다. 마감을 지키지 못하는 게으름에 대해서든, 엇나가는 글쓰기에 대해서든 옆에서 따뜻하게 지켜보면서도 항상 정확한 조언을 던져 나의 글이 새로운 방향으로 나아가게 했다. 고통스러우면서도 즐거웠던 그 여정을 지탱해 주신 것에 대해 깊이 감사드린다. 결국 약간의 용기가 이 모든 일을 가능하게 했지만, 그 용기는 나로부터 시작되지 않았다. 편집자로서든 저자로서든 인간으로서든 내가 배울 것이 있다면 그 용기가 아닐까 항상 생각한다.

이 책은 무엇보다도 지난 3년간에 걸쳐 '편집자를 위한 철학 독서회'에 참여해 주신 동료 편집자들과 함께 만든 책이다. 나는 아무런 과장도 없이 그 모두가 이 책의 공동 집필자라고 말할 수 있다. 물론 동료들이 던져 준 뛰어난 통찰 중에서 나는 몇몇 부분만을 반영하는 데 그쳤다. 처음에는 이 모임이 이렇게까지 오래 지속될 거라고 생각하지 못했다. 그러나 지금은 내 인생에서 가장 중요한 철학책 독서 모임의 하나가 되었다. 모임에서 나누었던 모든 대화와 아이러니한 토론의 경험이 이 책을 구상하고 집필하는 데 가장 중요한 지적 이정표가 되었다.

오프라인과 온라인을 막론하고 모든 모임 장소를 제공한 김현우 읻다 대표는 말 그대로 우리의 버팀목이었는데, 단지 공간적 의미만이 아니라 지적인 의미에서도 그러했다. 모임의 진행자이자 분위기 메이커인 맹미선 편집자는 자칫 사변으로 흐르는 철학책 독서 모임을 언제나 편집 현장의 고민과 연결해 주었다. 이한솔 편집자는 언제나 정곡을 찌르는 말 한마디로 참여자들의 사유를 자극해 주었다. 얼마 전 태어난 아기가 모쪼록 건강히 성장하길 바란다. 편집에 대한 진지함으로 귀감이 되는 윤현아 편집자는 철학책의 사회적 의미를 자각하게 하는 데 큰 도움을 주었다. 폭넓은 식견을 지닌 곽성우 편집자는 철학책의 세계를 더 넓은 학문 세계와 연결해 주었다. 조금은 다른 세대 감각을 갖고서 우리를 일깨워 주는 김세영 편집자는 철학책에 대한 한마디 한마디를 소중하게 나누어 주었다. 늘 솔직한 말로 책의 핵심을 가감 없이 짚어 내는 조은 편집자는 비평과 철학의 경계를 엿보게 도와주었다. 바쁜 학업 중에서도 관심과 지지를 보내오는 남수빈 편집자는 철학책을 대하는 진지한 태도로 토론의 깊이를 더해 주었다. 다시 한 번 거론하게 되는 신새벽 편집자는 모임이 시작되고 지속되는 데 노력을 아끼지 않았다. 항상 용기 있게 이견을 제시해 주어서 감사하고 있다. 언급한 모든 분들의 열띤 고민의 자세에서 나는 많은 것을 배웠다. 전문 철학자가 아니라 철학책 편집자로서 책을 쓸 수 있었던 것은 뛰어난 통찰을 나누어 준 동료 편집자들에 대한 지적인 신뢰 덕분이었다.

이 책의 원고가 절반쯤 쓰였을 때 민음사 주최로 초고 독회 세미나가 열렸다. 당시 독회에 참여해 주신 다른 저자 선생님들과 편집자들로부터 예리하고도 유용한 논평을 받았다. 그분들의 논평이 없었다면 이 책은 완성되지 못했을 것이다. 이 책이 그 저자 선생님들의 책과 함께 세상에 나올 수 있어서 영광스럽고 정말 기쁘다. 지금 이 시대에도 탁월한 영화 평론이 가능함을 보여 주는 윤아랑, 섬세하고도 단단한 자세로 연구자의 윤리를 몸소 증언해 주는 김아미, 보잘것없는 원고를 깊이 있게 읽어 준 이솔, 그리고 춘계 학술대회에서 멋진 대화의 장을 만들어 주신 임소연 선생님에게 특별히 감사를 드린다. 독회에 참여한 민음사 편집자들은 큰 실수를 범하지 않도록 도와주었고 수많은 유익한 제안을 해 주었다. 깊이 감사드린다.

이 책에는 내가 그동안 거쳐 온 모든 철학책 독서 모임들이 흔적처럼 알게 모르게 반영되어 있다. 기억력의 한계로 그 수많은 모임을 일일이 거론해 감사하지 못함을 양해해 주시기 바란다. 그 모임들에서 나누었던 소중한 이야기들이 없었다면 지금 이 책도 없었으리라는 것은 분명하다. 여기에는 그중에서 내게 큰 영향을 미친 철학책 독서 모임들을 짧게나마 기록해 두려 한다.

2013년 1월부터 한 해 동안 이어진 '세계사의 구조' 세미나 모임에서 나는 세계사와 철학을 나란히 두고 보는 눈을 키웠다. 당시 세미나에 참여한 조윤호, 박가분, 석아영, 안우혁, 백설희, 박준섭, 이승한, 김솔아, 김민호, 김미성, 방수아, 박정은, 구하나는 폭넓은 지식과 여러 의견을 기꺼이 나누어 주었다. 그때의 철학적 고민들과 대화들이 나를 여기까지 끌고 왔다. 뜨겁게 이견을 교환했던 세미나의 추억과 행복한 뒤풀이의 시간은 소중한 지적 자산으로 간직되어 있다.

2013년 2월부터 '새로운 프랑스 철학' 독해로 시작된 '포스트카드' 철학책 독서 모임은 수년간 이어지고 있다. 장프랑수아 리오타르, 자크 랑시에르, 자크 데리다, 장뤽 낭시, 조르조 아감벤 등의 현대 철학자들을 제대로 읽게 된 것은 이 모임의 영향이 컸다. 그 과정을 함께해 준 최봉실, 문순표, 전윤근, 이평화, 김우리, 김도형, 목홍균, 옥선영, 임지은, 클레가 선생님에게 감사드린다. 기억의 부재로 이름을 언급하지 못하는 다른 모든 참여자들에게

도 감사의 말씀을 전하고 싶다. 나는 여기에서 철학
책 독서 모임의 즐거움을 처음으로 알게 되었다. 때
로는 얼굴을 붉히며 번역어를 고민하고 치열한 토
론을 하던 기억이 무엇보다 소중하게 남아 있다.

2013년 12월부터 한 해 동안 이어진 '상호성
과 도덕경제' 인류학 세미나는 내 사유의 새로운
지평을 열어 주었다. 인류학 고전을 함께 읽고, 상
호성과 사회적인 것을 의심하는 현대적 관점을 제
시한 당시의 통찰과 지적 경험은 여전히 내 머릿속
한구석에서 주요한 대화 상대자가 되어 주고 있다.
오늘의 철학을 이야기하려면 반드시 인류학을 거
쳐야 한다는 생각을 처음 하게 된 것은 이 모임에
서였다. 당시 모임에 함께해 준 이승철, 전의령, 명
수민, 이재욱, 이상민, 오승민, 송준규, 서정원, 조
홍진, 김유리, 진달래, 김성윤 선생님에게 깊은 감
사를 드린다.

2018년부터 한 해 동안 이어진 '존재론적 전
회' 인류학 세미나에서는 차은정, 김관욱, 김태우,
온동훈, 이길호, 정헌목, 안지영, 구민석 선생님 등
이 참여해 나의 사유를 크게 뒤바꾸어 놓았다. 이
모임에서의 현대 인류학 공부가 없었다면 3부의
인류학 책에 관한 이야기들을 결코 쓸 수 없었을

것이다. 인류학자 선생님들과의 통찰 넘치는 만남의 경험들, 그리고 모든 참여자가 나누어 준 친절함과 지적 세심함은 지금도 내 삶과 앎의 중요한 지표다.

2022년 상반기에 있었던 두 번의 철학책 독서 모임은 『숲은 생각한다』에 대한 글을 쓰는 데 결정적인 도움을 주었다. 박성관 선생님이 주최한 인류학 세미나에서는 현지예, 정원연, 박영대, 신태규 선생님 등이 많은 통찰을 주었고, 곽영빈 선생님이 주최한 『숲은 생각한다』 독해 세미나에서는 나희덕 선생님 등의 비판적 논평이 특히 기억에 남아 있다. 내가 그런 타자성의 언어를 충분히 소화하지 못한 것이 못내 아쉬울 뿐이다. 사유와 고민을 나누어 준 모든 분에게 깊이 감사드린다.

돌이켜 보면 편집 과정 속에서 알게 모르게 나를 가르쳐 주신 수많은 저자와 번역자에게 많은 것을 배웠기에 이 책이 나올 수 있었다. 내 머릿속 곳곳에 박혀 있는 책 한 권 한 권이 나를 이끌어 주는 지적 토대가 되었다. 일일이 그 고마움을 표할 길이 없다. 덧붙여 사서들의 우정에도 감사를 표한다. 공공 도서관이 없었다면 이 책이 제대로 쓰이기는 어려웠을 것이다. 특히 경기도 고양시 한뫼도서관은 나의 주요 대출 창구가 되어 주었다. 모든 사서들의 노동에 감사드린다.

오랫동안 출판에 대해 함께 고민해 온 출판계 동료들은 나의 저술 작업을 물심양면으로 지원해 주었다. 박수희 편집자는 멀리 있음에도 그 단단하고 뚝심 있는 출판의 길을 통해 '오래된 미래'의 영감이 되어 주었다. 박지석 편집자는 그 누구도 시도하지 않았던 출판의 길을 통해 여전히 새로운 편집의 방법이 있음을 보여 주었다. 김진규 대표는 자신만의 출판의 길로 나아가는 탄탄한 여정을 통해 지혜로운 출판인의 자세를 몸소 증언해 주고 있다. 이분들이 공유해 주신 출판의 지혜와 경험은 나의 편집에도 저술에도 큰 도움이 되었다. 깊이 감사드린다.

사월의책 안희곤 대표님에게는 특별한 감사의 인사를 드려야 마땅하다. 직원의 외도를 너그러이 허용해 주시지 않았다면 이런 책을 쓰기 어려웠을 것이다. 선배 출판인이자 편집자의 열정적인 모습에서 여전히 많은 것을 배워 나가고 있다. 덧붙여 추천사를 써 주신 박승일 선생님은 이미 『기계, 권력, 사회』를 통해 편집자인 나에게 큰 영향을 주었는데, 이번에는 내 생각과 의지를 고스란히 담아낸 소중한 추천사를 통해 놀라움을 주었다. 이 추천사와 함께한다면 앞으로 두려울 일이 없을 것 같다. 이 자리를 빌려 감사를 드린다.

둘이자 하나인 삶을 함께 나누고 있는 연인이자 친구이며 지적 동반자인 아영에게도 마음속 깊이 고맙다는 말을 전하고 싶다. 박사 논문을 쓰고 있는 와중에도 내 글을 꼼꼼히 읽고 칭찬과 격려만이 아니라 따끔한 지적을 아낌없이 해 주었기에 더 좋은 글을 쓸 수 있었다. 텅 빈 지면을 채워야 하는 괴로움을 곁에서 공유해 준 것이 내게 가장 힘이 되는 위로였다. 이제는 내가 그 괴로움을 조금이나마 덜어 주려 한다.

마지막으로 긴 세월 동안 나의 삶과 앎을 지탱해 준 가족들에게 감사의 인사를 전한다. 어머니와 동생은 언제나 무한한 사랑으로 나를 감싸 주었다. 타지의 아들을 걱정하며 늘 음식을 챙겨 주시는 어머니의 사랑에는 더 감사할 방법이 없다. 언제나 건강하게 지내시길 바란다. 비록 떨어져 있지만 마음만은 늘 함께인 자랑스러운 동생은 성실한 삶의 자세로 내게 큰 모범이 된다. 제수씨와 귀여운 두 조카들과 함께 지금처럼 늘 행복하게 지내길 바란다.

이 책을 쓰는 와중에 돌아가신 아버지에게는

따로 말씀을 전하고 싶다. 첫 편집된 책이 출간될 때부터 곧 나올 신간에 이르기까지 아버지는 내가 하는 모든 편집 작업과 집필 작업에 마치 당신의 일처럼 관심을 보여 주셨다. 그 응원과 격려가 내가 계속 글을 다듬고 쓸 수 있는 원동력이 되었다. 늘 응원해 주셨던 아버지의 부재가 너무나 크게 느껴진다. 아버지가 몸소 보이신 당당한 삶의 자세와 속 깊은 조언이 없었다면 나의 철학적 사유도 윤리적 삶도 불가능했을 것이다. 하지만 나는 여전히 그 삶의 모습을 전혀 따라가지 못하는 것 같다. 앞으로 더 멋진 사람이 될 거라 다짐하면서 이 부족한 책을 아버지 영전에 바친다.

Bruno Latour, "On selves, forms, and forces," *HAU: Journal of Ethnographic Theory* Vol.4 no.2(2014).

_____, *Facing Gaia: Eight Lectures on the New Climatic Regime*(Polity, 2017).

_____, *Où atterrir? – Comment s'orienter en politique*(La Découverte, 2017).

Donna Haraway, "Primatology Is Politics by Other Means," *Feminist Approaches to Science*, Ruth Bleier (ed.)(Pergamon Press, 1984).

Isaiah Berlin, *Concepts and Categories: Philosophical Essays*(Princeton University Press, 1996).

_____, *Political Ideas in the Romantic Age: Their Rise and Influence on Modern Thought*(Princeton University Press, 2014).

Joshua L. Cherniss, "Isaiah Berlin's Political Ideas: From the Twentieth Century to the Romantic Age," *Po-*

litical Ideas in the Romantic Age: Their Rise and Influence on Modern Thought(Princeton University Press, 2014).

Marilyn Strathern, "Dislodging a World View: Challenge and Counter-Challenge in the Relationship between Feminism and Anthropology," *Australian Feminist Studies* Vol.1 no.1(1985).

Pierre Charbonnier, *Affluence and Freedom: An Environmental History of Political Ideas*(Polity Press, 2021).

Richard Rorty, "An Interview with Richard Rorty," interview by Gideon Lewis-Kraus, *The Believer* Vol.1(June 2003).

Tracy Llanera, *Richard Rorty: Outgrowing Modern Nihilism*(Palgrave Macmillan, 2020).

William Blake, "The Proverbs of Hell," *The Marriage of Heaven and Hell*(1790~1793).

東浩紀, 『ゲンロン戦記』(中央公論新社, 2020).

_____, 「訂正可能性の哲学、あるいは新しい公共性について」, 《ゲンロン》12(2021).

エドゥアルド・コーン, 近藤宏, 「森の思考を聞き取る人類学」, 『ÉKRITS』(2021).

가라타니 고진, 송태욱 옮김, 『탐구 1』(새물결, 1998).

가라타니 고진, 박유하 옮김, 『일본근대문학의 기원』(도서출판b, 2010).

가브리엘 타르드, 이상률 옮김, 『모나돌로지와 사회학』(이책,

2015).

가브리엘 헥트, 조승희 옮김, 「아프리카 인류세」, 《에피》 8호 (2019).

가야트리 차크라보르티 스피박, 안준범 옮김, 『읽기』(리시올, 2022).

그레고리 베이트슨, 박대식 옮김, 『마음의 생태학』(책세상, 2006).

김세영, 「숨들의 목록 쓰기」, 《릿터》 35호(2022), 251쪽.

김수영, 『시여, 침을 뱉어라』(민음사, 2022).

김연화·성한아·임소연·장하원, 『겸손한 목격자들』(에디토리얼, 2021).

김항, 「내전과 현대 민주주의의 상황」, 《인문학연구》 제56호 (2018).

김현경, 『사람, 장소, 환대』(문학과지성사, 2015).

김홍중, 『마음의 사회학』(문학동네, 2009).

낸시 프레이저, 김원식 옮김, 「비정상적 정의」, 『지구화 시대의 정의』(그린비, 2010).

도나 해러웨이, 황희선 옮김, 『해러웨이 신인문』(책세상, 2019).

도정일, 『시장전체주의와 문명의 야만』(생각의나무, 2008).

리처드 로티, 임옥희 옮김, 『미국 만들기』(동문선, 2003).

_____, 김동식·이유선 옮김, 『우연성, 아이러니, 연대』(사월의 책, 2020).

마르틴 하이데거, 박찬국 옮김, 『니체 1, 2』(길, 2010~2012).

마이클 이그나티에프, 이화여대 통역번역연구소 옮김, 『이사야 벌린』(아산정책연구원, 2012).

마크 피셔, 박진철 옮김, 『자본주의 리얼리즘』(리시올, 2018).

메릴린 스트래선, 차은정 옮김, 『부분적인 연결들』(오월의봄,

2019).

미셸 푸코, 오르트망·심세광·전혜리 옮김, 『비판이란 무엇인가? 자기 수양』(동녘, 2016).

_____, 이규현 옮김, 『말과 사물』(민음사, 2012).

박권일, 「정체성 정치에 대한 탁월한 해부도」, 《시민과 세계》 제35호(2019).

박동수, 「페미니즘 세대 선언」, 《한편》 1호 '세대'(민음사, 2020).

베르나르 스티글러, 김지현·박성우·조형준 옮김, 『자동화 사회 1』(새물결, 2019).

브뤼노 라투르, 이세진 옮김, 『과학인문학 편지』(사월의책, 2012).

_____, 박범순 옮김, 『지구와 충돌하지 않고 착륙하는 방법』(이음, 2021).

_____, 김예령 옮김, 『나는 어디에 있는가?』(이음, 2021).

샹탈 무페, 서정연 옮김, 『경합들』(난장, 2020).

서동진, 「좌파라는 '경험'」, 《문학과사회 하이픈》(2021년 겨울호).

스티븐 타일러, 이기우 옮김, 「포스트모던 민족지」, 『문화를 쓴다』(한국문화사, 2000).

신형철, 「시적 시민성의 범주론」, 《창작과비평》 제191호(창비, 2021).

아미타브 고시, 김홍옥 옮김, 『대혼란의 시대』(에코리브르, 2021).

아비샤이 마갈릿, 신성림 옮김, 『품위 있는 사회』(동녘, 2008).

아즈마 히로키, 안천 옮김, 『일반의지 2.0』(현실문화연구, 2012).

_____, 안천 옮김, 『약한 연결』(북노마드, 2016).

_____, 안천 옮김, 『철학의 태도』(북노마드, 2020).

_____, 안천 옮김, 『관광객의 철학』(리시올, 2020).

_____, 안천 옮김, 『느슨하게 철학하기』(북노마드, 2021).

안천, 「옮긴이의 말」, 사사키 아타루, 『야전과 영원』(자음과모음, 2015).

알랭 바디우, 박성훈 옮김, 『철학을 위한 두 번째 선언』(길, 근간).

야콥 폰 윅스퀼, 정지은 옮김, 『동물들의 세계와 인간의 세계』(도서출판b, 2012).

에두아르도 콘, 차은정 옮김, 『숲은 생각한다』(사월의책, 2018).

올리비아 랭, 이동교 옮김, 『이상한 날씨』(어크로스, 2021).

우노 츠네히로, 김현아·주재명 옮김, 『젊은 독자를 위한 서브컬처론 강의록』(워크라이프, 2018).

웬디 브라운, 이승철 옮김, 『관용』(갈무리, 2010).

위르겐 하버마스, 윤형식 옮김, 『진리와 정당화』(나남, 2008).

이사야 벌린, 강유원·나현영 옮김, 「옮긴이의 글」, 『낭만주의의 뿌리』(이제이북스, 2005).

_____, 석기용 옮김, 『낭만주의의 뿌리』(필로소픽, 2021).

이와우치 쇼타로, 이신철 옮김, 『새로운 철학 교과서』(도서출판 b, 2020).

이우창, 「"20대 남자 문제"」, 《한편》 1호 '세대'(민음사, 2020).

이졸데 카림, 이승희 옮김, 『나와 타자들』(민음사, 2019).

익천문화재단 길동무·직장갑질119 기획, 『숨을 참다: 코로나 시대 우리 일』(후마니타스, 2022).

임명묵, 『K를 생각한다』(사이드웨이, 2021).

자크 데리다, 남수인 옮김, 『환대에 대하여』(동문선, 2004).

장뤽 낭시, 박준상 옮김, 『무위의 공동체』(인간사랑, 2010).

전의령, 「타자의 본질화 안에서의 우연한 연대: 한국의 반다문화와 난민 반대의 젠더정치」, 《경제와사회》 제125호(2020).

_____, 『동물 너머』(돌베개, 2022).

정홍섭, 「1930년대 후반 한국소설에 나타난 허무주의 연구」, 《민족문학사연구》 제32호(2006).

조르조 아감벤, 양창렬 옮김, 『장치란 무엇인가?』(난장, 2010).

_____, 이경진 옮김, 『도래하는 공동체』(꾸리에, 2014).

조지프 슈나이더, 조고은 옮김, 『도나 해러웨이』(책세상, 2022).

존 더럼 피터스, 이희은 옮김, 『자연과 미디어』(컬처룩, 2018).

주디스 버틀러, 양효실 옮김, 『지상에서 함께 산다는 것』(시대의창, 2016).

_____, 강경덕·김세서리아 옮김, 『권력의 정신적 삶』(그린비, 2019).

질 들뢰즈, 이정우 옮김, 『의미의 논리』(한길사, 1999).

_____, 이찬웅 옮김, 『주름』(문학과지성사, 2004).

추적단 불꽃, 『우리가 우리를 우리라고 부를 때』(이봄, 2020).

카를 슈미트, 조효원 옮김, 『정치적 낭만주의』(에디투스, 2020).

티모시 비틀리, 김숲 옮김, 『도시를 바꾸는 새』(원더박스, 2022).

팀 잉골드, 김지윤 옮김, 『팀 잉골드의 인류학 강의』(프롬북스, 2020).

페넬로페 도이처, 변성찬 옮김, 『HOW TO READ 데리다』(웅진지식하우스, 2007).

폴 라비노, 이기우 옮김, 「사회적 사실로서의 표상」, 『문화를 쓴다』(한국문화사, 2000).

프레데릭 바이저, 이신철 옮김, 『이성의 운명』(도서출판b, 2018).

_____, 심철민 옮김, 『계몽, 혁명, 낭만주의』(도서출판b, 2020).

피에르 부르디외, 김현경 옮김, 『언어와 상징권력』(나남, 2020).

필립 라쿠 라바르트·장뤽 낭시, 홍사현 옮김, 『문학적 절대』(그린비, 2015).

한나 아렌트, 이진우·태정호 옮김, 『인간의 조건』(한길사, 1996).

홍예륜, 「지방 도시의 퀴어 축제를 통해 형성된 다양성 레짐: 대구, 제주, 부산을 사례로」, 《공간과사회》 제68호(2019).

휴버트 드레이퍼스·숀 켈리, 김동규 옮김, 『모든 것은 빛난다』(사월의책, 2013).

철학책 독서 모임
오늘의 철학 탐구

1판 1쇄 펴냄 2022년 6월 10일
1판 3쇄 펴냄 2023년 6월 20일

지은이 박동수
발행인 박근섭, 박상준
펴낸곳 ㈜민음사

출판등록 1966. 5. 19. (제 16-490호)
서울특별시 강남구 도산대로1길 62(신사동)
강남출판문화센터 5층(우편번호 06027)
대표전화 02-515-2000
팩시밀리 02-515-2007
www.minumsa.com

© 박동수, 2022. Printed in Seoul, Korea

978-89-374-9201-3 04300
978-89-374-9200-6 세트